感情の知性（EQ）を伸ばす

学校と家庭で
マインドフルネス！
1分からこころの幸せ・
安心を育む63のワーク

戸塚真理奈 著

G学事出版

はじめに

─１つの呼吸から自分らしさを知り、まわりと共にあることに気がつき、みんなそれぞれが幸せに、生きる力を発揮する─

「１つの呼吸から、子どもと大人が自分らしさを知り、まわりと共にあることに気がつき、みんなそれぞれが幸せに、生きる力を発揮する世界」─この本を通じて、そんな世界を作るお手伝いをしたいと思っています。たった１つの呼吸からそんなことが出来るわけがない、と笑われてしまうかもしれませんね。でも、筆者は大真面目です。

いまの世の中は、「VUCA」（ブカ、ブーカ）と形容されます。「**V**olatile（変動性が高く不安定な）、**U**ncertain（不確実な）、**C**omplex（複雑な）、そして **A**mbiguous（混沌として不明瞭な）」の頭文字を結んだ言葉です。80年代には戦場を表す米国の軍事用語だったのに、いまでは世の中全般を指すようになりました。常に忙しく、急激な変化に対応を迫られ、将来が見えず、色々なことが絡み合ってグチャグチャ、もう何から手をつければ良いのかわからない！　多くの先生方や保護者の皆さんが日頃からこんな風に感じていらっしゃるのではないでしょうか。

VUCA の世の中では誰もが高いストレスを抱えていて、感情的になるために人々の間では摩擦や衝突がしばしば起こります。ハラスメントやいじめのような問題に発展するのも珍しくありません。子どもたちも生きづらさや無力感、憂うつ感や将来への希望の無さを感じ、不登校やいじめ、青少年の自殺といった非常に深刻な社会問題と共に生きているのはご存じのとおりです。

加えて、いまは AI が日進月歩のスピードで進化しています。多くの仕事で、人類は確実に必要とされなくなっていきます。従来型の計算能力や記憶力、情報処理力や分析力を伸ばすことに重点を置く教育の意義はなくなってしまうでしょう。このような将来を見据えながら、いまの時点で子どもたちに何を教え、どのように成長をサポートしていけば良いのか、子どもと接する多くの大人が悩まれているのではないでしょうか。

VUCA の時代、情報が溢れる時代、そして AI によって急速に変化していく激動の時代だからこそ、**「視野をクリアーにして冷静に見通し、自分軸を大切にしながら他者を思いやり、困難もみんなで前向きに乗り越えていく」**ことが大切です。これらの要素は、すべて**「EQ（日本語ではこころの知能指数や感情の知性などと訳されます。この本では感情の知性とします）」**に関わります。2016年、EQ は世界経済フォーラムが発表した AI 時代に人類が備えておくべき能力トップ10[*1]の第６位にランクインしました。同フォーラムは別のレポート[*2]

でも、21世紀型スキルを青少年に持たせるためには、社会性と情動の学習（＝まさに EQ を育てるための学び）が必要と伝えています。

EQ が上がると、一例として次のような力が得られます。

・自分の感情を知る力。それが怒りや不安、焦りなどの強い感情であれば、自ら調整する力
・何が一番優先か、いまこの場で必要なことは何かを判断する力
・自己肯定感を持ち、自身の一番の味方として辛いときも自分を応援し乗り越える力
・相手に共感し、困難な状況にある人に思いやりの手を差し伸べる力

霧の中を一人で歩いているときに、コンパスや懐中電灯があると安心ですね。EQ とはまさにそういうイメージです。外野の状況（VUCA、情報過多、AI）に呑まれることなく、**自分の気持ちを知り、感情と付き合いながら、自分とみんなにとって最適な判断をしていく力**です。この本では、先生や保護者の皆さんに理解を深めていただけるよう EQ のエッセンスを解説し、子どもたちが学級や家庭で楽しく EQ の学びに触れられるよう実践のアイデアを集めました。

怒りや不安といった強い感情と付き合う大変さは、先生方も保護者の皆さんもよくご存じのことと思います。すぐにキレたくなる、イライラが鎮まらない、不安に呑まれそうになる……強い感情と付き合い、うまく調整・管理するには、まずは自らの気持ちの動き（情動）を理解し、どんな状況でその気持ちになるのか傾向を知ること（＝自己認識）がカギとなります。この **EQ の基本である自己認識を上げる助けとなるのが「気づく力」「注意力」であり、これらをもたらすのがマインドフルネスのワーク**です。

気づく力が高まると人生が変わっていきます。大爆発の前にイライラを鎮火できるようになって人間関係が好転していきますし、周囲の支えやつながりのありがたさにも気がつけるようになり、幸福感がアップしていきます。

冒頭のビジョンは少し言葉足らずでした。正しくは「子どもと大人が、1つの**マインドフルネスの呼吸から練習を重ねて EQ を育て**、自分らしさを知り、まわりと共にあることに気がつき、みんなそれぞれが幸せに、生きる力を発揮する世界を作る」です。夢の世界の話のようですが、きちんと科学的根拠に基づいています。

さて、筆者がこの本を教育の現場にお届けしたいと願ったきっかけの1つには、まだ EQ やマインドフルネスを知らなかった頃の米国生活での経験があります。渡米前は外資系企業で様々な業務を同時にこなし、英語力はかなり高いレベル（何を隠そう、TOEIC スコアは満点です）。それなのに渡米後、**「あなたはどうしたい？」**という単純な問いに、毎回言葉に詰まる自分がいました。反射的に「どう<u>すべきか</u>？」「（意見がなく）別になんでも」が浮かんでくるのです。学生時代も社会に出てからも学習や仕事を計画どおりに進めることや論理

的・合理的に思考すること、「〜すべき」「空気を読んで、みんなのリズムを乱さない」を優先しているのですから、無理もない話です。感情を調整する術を知らずにイライラを積み上げ、ときには周囲にぶつけてしまったこともいま思えば大反省です。もしかしたら、この話に共感してくださる先生方や保護者の皆さんもいらっしゃるかもしれませんね。

　筆者のまわりには、自分の気持ちや何がしたいのかが、自分ではよくわからないと話す40〜50代が多くいます。しゃかりきに仕事をし、ある程度の経済的・社会的地位に到達した後、道を見失ったり燃え尽きたりしてしまうのです。頭脳型の教えや課題をこなしていくことに重点を置く日本の教育の課題は、自身の内側の声に耳を傾けたり、自分らしさを知って、大切にしたり、辛いときに自分を励ましたりといったEQ系の学びの機会が乏しいことではないかと個人的に感じています。自分の感情を理解したり、辛いときに立て直したりする術を持っていないと、何が正解で今後どうなるのかわからない激動の世の中に呑まれてしまい、挫折するリスクが高まります。また、テクノロジーのおかげで利便性に恵まれても、他者と自分とのつながりに気づけないと、ひとは幸せには生きにくいものです。

　筆者はニューヨーク在住時にマインドフルネスを知ってワークを始め、子ども向けの指導方法を学びました。帰国後はマインドフルネスとEQを伝える認定講師となり、現在は企業向けの研修だけでなく、子どもたちや子育て中のママにもクラスをお届けし、感情と付き合い自分軸を育てるお手伝いをしています。都内の児童養護施設にもボランティアで定期的に伺っています。たまに子どもたちが「ピアノ発表会の前で不安になったり、ママとのケンカでイライラしたりするとき、自分から呼吸のワークをしているよ」「施設では自分の居場所が見つかりにくいけど、これ（マインドフルネス）をやるとリラックスして落ち着くから好き」と感想をそうっと教えてくれることがあります。そんなときは、「よかった！　気持ちに気づけて、自分で調整できているね」と、こころの中でガッツポーズです。

　私たちの世界がVUCAであることは今後も変わらないでしょう。でも、子どもと大人が外のノイズに呑まれずにマインドフルネスで気持ちを整え、EQを育み自分らしさを大切にし、自身がまわりと共にあることに気づいていくことで、みんながそれぞれの幸せな人生をひらける世の中になると信じています。子どものこころの成長には、近くの大人による導きが大切ですので、皆さまどうぞよろしくお願いいたします！

　子どもたちのために日夜たゆまぬ努力を続けていらっしゃる先生方と保護者の皆さんにこころからの賛辞とエールを込めて、この本をお届けします。

＊1　Alex Gray "The 10 skills you need to thrive in the Forth Industrial Revolution," World Economic Forum, 19 January 2016 https://www.weforum.org/agenda/2016/01/the-10-skills-you-need-to-thrive-in-the-fourth-industrial-revolution/ (2020年6月8日閲覧)

＊2　World Economic Forum, "New Vision for Education: Fostering Social and Emotional Learning Through Technology," March 10 2016.

もくじ

パート1 EQって何? こころの幸せや安心を育む マインドフルネスって何?　9

パート **2** マインドフルネスと EQ のワークを
実践してみよう！ 32

この本の効果的な使いかた

この本をお手に取っていただき、ありがとうございます。

この本はパート1とパート2で構成されています。パート1はマインドフルネスやEQ領域のエッセンスの理解を深めていただくためのものですが、肝心要なのは実はパート2のほうです。

そこで皆さまに2つのお願いがございます。1つ目のお願いは、**先生と保護者の皆さんにこそ、まずは体験いただく**ということです。実は、日本人のEQスコアは世界最下位レベル[*1]で、大人たちのEQには大きな伸びしろがあります。先生方や保護者の皆さんは日頃から子どもたちやご家族、職場のことを優先し、ご自身の気持ちや希望をないがしろにしてしまうことも多いのではないでしょうか。後述しますが、**大人たちが自分らしさを知り、それを大切にすることは本人の幸福度が上がるだけでなく、その幸せが子どもたちにも伝播します。**まずは、マインドフルネスで立ち止まってリラックスする癒しの時間と、自分の気持ちや好み、願いに出合っていく時間を持っていただけますように。先生方の「チームビルディング」の機会として、共感力や他者への思いやりをテーマとするパート2のワーク5やワーク8などを数名で実践されるのもおすすめです。

2つ目のお願いは、**この本をお読みくださった後は、実際に子どもたちの元へお届けいただく**ということです。大人と子どもとで、「外から内へ」、そして「THINK（考える）からFEEL（感じる）へ」を体感する時間を定期的に設け、互いのEQアップを目指していただきたいと願っています。

なお、最小限の作業負荷で子どもたちにお届けいただけるよう、付録をご用意しました。コピーしてそのまま使えるワークシートや、声のトーンや速さ、言葉づかいのご参考としてワーク数種の音源とスクリプト、実際に子どもを相手に伝えているデモ動画を、どうぞご活用ください。また学級やご家庭への導入時にご参考となるよう、曜日や時間帯とおすすめのワークをまとめたサンプルカレンダーと、大人自身の実践（自主練！）のためのサンプルカレンダーを合わせてお付けしました。ぜひ、大人と子どもとで一緒に練習してみてください。集団の場はあらゆる意味で、EQを育てる手助けをしてくれます。クラスやファミリーは、最良の練習機会をもたらしてくれることでしょう！

[*1] Six Seconds "States of the Heart 2018" - 米国NPO法人が世界26万人を対象にEQテストを実施、結果概要を2019年1月に同日本法人が開示 https://6seconds.co.jp/eq-articles/release-190123（2020年6月8日閲覧）

パート1 EQって何？ こころの幸せや安心を育むマインドフルネスって何？

1 EQとは

　この本では、日本の教育現場でも今後ますます重要度が増していく子どもたちの「非認知能力」の育成に向けて、学級と家庭にEQとマインドフルネスの学びと実践の機会を届けることを願い、ポイントや具体的な実践例をご紹介しています。

　主題の1つであるEQは、日本語で**こころの知能指数や感情の知性**などと訳されます（この本では、感情の知性としています）。英語ではEmotional Intelligenceのため、日本国内でもEIという略語が使われることがあります。

　EQという概念が誕生したのはいまから約30年前、1990年のことです。米国のピーター・サロヴェイ博士とジョン・D・メイヤー博士が基本的な枠組みを発表しました。発表当時の定義は、「自分自身と他人の気持ちや情動（喜怒哀楽などの一時的な感情の動き）をモニターし、見分け、その情報を使って自分の思考や行動を導く能力[*1]」でしたが、1997年には下のように再び定義されています[*2]。

> （1）感情を正しく認識し、表現する能力
> （2）感情を思考に組み入れる能力
> （3）感情を理解して論理的に考える能力
> （4）自分の感情を管理したり、他者の感情に対応したりする能力

　その後、1995年には米国の心理学者ダニエル・ゴールマン博士の著書『EQ－こころの知能指数』（原題は『Emotional Intelligence: Why It Can Matter More Than IQ』）が出版され、ベストセラーとなりました。

トップレベルの IQ の持ち主で有名大学を優秀な成績で卒業した人であっても社会に出て伸び悩むことがあること、逆に、人並みの IQ でも長きにわたり幸せに大成功できる例が多くあること、EQ が生まれつき決められた能力ではなく学びながら高められることが関心を呼び、EQ は心理学や脳科学などの研究室から羽ばたき、ビジネス界にも広まりました。博士はこの本で EQ が、「**自己認識、自己調整、モチベーション、共感、ソーシャルスキル**」の 5 つの領域[*3]から構成されるとし、「子どもたちが自己認識や自信を高め、感情を調整し共感力を育てることは、暴力を抑えるなど行動面だけでなく、学力の向上にも効果があることが実際に数値で明らかになっている」[*4]と、EQ を取り入れた教育の大切さを強調しています。

平たく言えば、**IQ は頭の知性、EQ はこころの知性**と言えるでしょう。論理的思考力や分析力、記憶力を司る IQ だけでなく、EQ も持ち合わせているからこそ、私たちは人生の荒波をしなやかに健やかに生き抜く力や、自分と違う考え方を受け容れる力、自分を信じ応援する力や誰かと協調・協働する力といった人間力を培うことができます。教育に EQ を取り入れていくと、青少年のうちからその基礎づくりをすることができるのです。

なお、2016年に開催された世界経済フォーラムにおいて「AI 時代に人間が備えておくべき10の能力」が発表され、その 1 つに EQ も含まれました。しかしながら、ある調査によると日本の EQ スコアは世界最下位レベル[*5]とされており、私たちの EQ には、大きな伸びしろがあることがうかがえます。

 # マインドフルネスとは

この本は、EQ だけではなくマインドフルネスも主題としています。マインドフルネスとは、**いまこの瞬間、この場所に生きる自分の内（気持ちや願いなど）と外（まわりの世界）に優しさと好奇心を持ち寄って、100% の注意を払っている状態**のことです。

近年、テレビやインターネット、新聞や雑誌で取り上げられることが増えていますが、実は大人だけではなく子どももトレーニングすることができます。

前の 9 頁において EQ の定義をご紹介しましたが、マインドフルネスを練習することで、注意力（気づきの力）を高められますので、より高性能、高画質に情動（こころの動き）を

モニタリングすることができ、EQを育てる助けとなります。右の図1は、マインドフルネスとEQの関係性を表したものです。なお、ソーシャルスキルとは対人関係知性や人間関係構築力に関しますが、この本では対人関係スキルよりも、自身を整えながらこころの幸せや安心を育むことや、感情に向き合いながら人間力を培うことに主軸を置いているため、あえて他の4領域のみとし、コンパッションや利他の精神（後述）と合わせて記載しています。

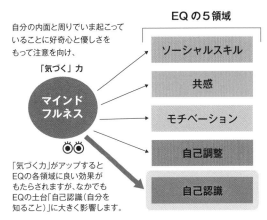

図1　マインドフルネスとEQの関係性

「間」を持つことの大切さ

　生きていれば、カッと怒りを感じたり、ガーンとショックを受けたり、大きな不安に見舞われたりすることは誰にでも起こりえる自然なことです。

　しかし、こういった強い気持ち（情動）はいつ来るのか予測が難しく、一旦怒りの炎が燃え広がってしまうと鎮火は楽ではないですよね。

　マインドフルネスの実践によって得られる、穏やかですっきりと視界が開けたこころのありよう（モニタリング力が高まっている状態）ですと、例えばこころの中で怒りの炎がメラッとなる前に、「あ、この流れだと私はもうすぐキレてしまうな」と気がつくことができます。

　誰かの発言や行動、メールの内容など、情動のトリガー（きっかけ）はいわゆる「外野」からもたらされます。無意識だとつい飛びついて反応してしまいますが、**自分でこころのモニタリングができていれば、ほんの一瞬でも状況を切り替えるための「間（ま）」を持つことができます**。これを心理学の用語で「反応柔軟性」と言います。外部環境に自分のこころ持ちや行動をコントロールさせてしまう代わりに、先生あるいは保護者であるご自身が主人公となり、状況を変える力を持つことができるのです。

　イメージしやすいよう、具体的な例を挙げましょう。例えば、働くママのあなたは残業でこころも体もクタクタ、お腹はぺこぺこで、近所で食材を買って急いで帰宅します。玄関のドアを開けた瞬間、「子どもがうるさい。もっと早く帰ってきてよ！」と在宅勤務の旦那さま。もう1つの例は、教師であるあなたが細かいところまで精魂込めて子どもたちと一緒に作り上げたクラスの劇。緊張の中、全校生徒に発表したのち、他のクラスの担任があなたに

言いに来ます。「全体的には悪くなかったけど、○○をもう少し練習したらもっと良かったんじゃないかしらね」。

　こんなときの気持ちを昭和のマンガ的な効果音で表すなら、「イラッ！」「カッチーン」「ギャフン」「わなわな」「メラメラ～」といったところではないでしょうか。さぁ、怒りや悔しさといった強い感情のトリガーが突然やって来ました。このトリガー自体をなくすのは非常に難しいことです。でも、もしも冷静さや穏やかさを取り戻す「間（ま）」を持てるなら、「あっ、でもちょっと待って。息子くんは今朝からやけにハイテンションだった。彼はそんな状態の子と１日中一緒にいて、お昼やおやつを食べさせて相手をしながら仕事もして、確かに大変だったろう」や、「あっ、でもちょっと待って。あの先生は普段完璧主義で、とても熱心な人。劇全体を否定するわけではなく、○○を～～したら良いのにと具体的に言っていた。これを批判ではなくアドバイスと捉えて、次回への成長のチャンスと考えてみたらどうだろう」と、流れを変える機会が持てるということです。

　「間」の存在をもしも意識的に作れるなら、誰かの言動など、いわゆる「自分の外側」での出来事に身を任せ、いちいち怒ったり、イライラしたり、不安でパニックになったりする代わりに、感情にのまれない・ぶれない自分を作っていくことができるようになります。「あんな言われ方して、嫌な目にあって最悪だわ」さんはご卒業、代わりに「あっ、でもちょっと待って」の切り替え上手さんと「相手の立場や事情はきっと……」の洞察上手さんの誕生です。

　ちなみに、こういった怒りや悔しさ、強い不安や悲しみなどの気持ちに見舞われたとき、つい自分を批判したくなりますよね。「私ったら、こんなちょっとしたことですぐキレたりして、駄目だなぁ」「（教室で／家庭で）子どもを育てる立場なのに、精神の鍛錬が足りないなぁ」……ため息とともに、もしかしたら一度くらいはご自分を責めてしまったことがあるかもしれません。そんな方に、大きな声でお伝えします。実は、私たちの脳はそもそも「キレやすく、不安を感じやすく」できているのです！　決してあなたお一人だけが何か落ち度があるわけではありません。

ハイジャックされる脳

　人類がかつて洞穴生活を送っていた頃を想像しましょう。その頃ひとは、寝ている間も敵の集団や野生動物からの急襲、そして自然災害といった様々な危険と絶えず隣り合わせで暮らしていました。生きていくためにはそんな危険をいち早く察知して、「全力でいますぐ戦うか、全力でいますぐ逃げるか」のモードに自身を切り替える必要があったわけです。

この「闘争・逃走モード」反応を ON にするのが、「扁桃体」という脳内の小さな器官です（扁桃＝アーモンドのことです。実際に、扁桃体はアーモンドのような形をしています）。扁桃体は私たちの生存本能に関係し、非常に精巧にできています。私たちの多くにとって便利で安全がある程度約束されている現代生活。特に日本のような国に住んでいればなおさら危険や戦闘と隣り合わせというわけではないのに、この器官はいまでも私たちの脳内にあり、瞬時に大音量アラームを鳴らせるよう準備万端で身構えています。

　一旦アラームがなり始めたら（カッとなる、パニックになる）、脳内の理性的な統制はすべて機能低下し（うまく言葉が出ない、論理で冷静に考えられない）、体の生理反応がおかしくなる（頭に血がのぼる、顔が火照る、心臓がバクバク、室温は高くないのに妙な汗が出る）といった兆候が表れます。

　この扁桃体が理性を乗っ取っている状態を脳科学の世界では**「扁桃体ハイジャック」**と呼びます。まさに、飛行機のハイジャックさながらの光景が、あなたの脳内や体内で起こるわけです。でも、この一見ネガティブに見える出来事も、全力で戦うことや一目散に逃げることにエネルギーを投入できてきたからこそ、祖先から連綿と続くいのちを自分の代までつなぐことができたのだと捉えることもできます。もし次回、「キレそうな」出来事が起きた場合には、次のようなステップと言葉かけ（カッコ内）を実践してみられることをおすすめします。

1. イラっとしたりカッときている、いまの身体の状態を観察（体のどこでどんな感覚があるのかな。大丈夫、まずは注意を向けてみよう）
2. 生理反応に気づけている自分を認める（マインドフルによく気づけたね）
3. 深呼吸をゆっくり自発的に入れる（自分の感情を調整できるかな、どうかな）
4. 気持ちが落ち着き理性を取り戻すまでは３．を続ける。少しずつ霧が晴れていくような感覚が得られたら、相手と自身の双方にベストな形に落ち着きそうなコミュニケーションや捉え方はなんだろう、と思いを馳せてみる（少し落ち着けたみたい。頭を冷やして、互いにとって最善の対応や進め方は何かを考えよう）
5. 自分を責めない（扁桃体ハイジャックは確かに起きかけた。でも、取り乱したり相手を怒鳴りつけたり、きつい皮肉で返したり、けんか腰のメールを送りつけたりする代わりに、できる限り冷静に対応できた。グッジョブ！）

　ここでは、怒りを力で無理に押さえつけて我慢したり、心配事から目をそらしてなかったことにしたりはしません。大切なのは、「この流れだと、もうすぐキレる予感がする」「さっきからずっと○○の案件を心配してばかりで、気が休まっていないな」などと気づき、客観

的にありのままを優しく受けとめることです。この、自分を客観的に見る力は脳科学の用語で「メタ認知」と呼ばれます（メタとは「高次の」という意味、図2を参照）。

この**「客観的にありのままを見つめながら、自分の内面と周囲に起きていることに気づいていく力」**こそが、マインドフ

マインドフルネスのカギ：メタ認知
通常の認知との違い（視界のイメージ）

〈通常の「認知」〉
視界に入るもの：草そのもの

〈「メタ認知」〉
視界に入るもの：いま野原で草を見ている、牛の自分

図2　通常の「認知」と「メタ認知」の違い

ルネスが私たちにもたらしてくれる力であり、EQ の基礎となる領域「自己認識」に直結しています。上にお示しした一連のステップのうち、3．以降は EQ の領域「自己調整」につながっています。流れを逆から見れば、まず自身の感情の動きに気がつけないと、手の施しようがないということです。このため、この本のパート2である実践ワーク集では、自己認識力や注意力・集中力の向上につながるようなマインドフルネスの練習例を多めにご紹介しています。

EQ もマインドフルネスも、反復練習が欠かせない

　マインドフルネスの練習、具体的には呼吸や食べること、歩くことなどの「対象」に100％の意識を向け、自身の内と外でいまの瞬間、この場所で起きていることに好奇心と優しさを向けることを続けるひとは、練習を積んでいないひとと比べると、より穏やかさや冷静さ、クリアーな意識やポジティブさを保てることが近年の脳科学や心理学などの研究で示されてきています。IQ が遺伝的性質の影響を強く受け、生まれつきある程度は決定づけられていると言われているのに対し、**EQ の領域はトレーニングで伸ばすことが可能**です。

　脳の神経細胞は「可塑性（かそせい）」という特性を持っています。これは思考や行動パターンを繰り返すことで、その思考・行動パターンに沿った神経細胞同士のつながりが脳内で形成され、時間をかけて繰り返すことでこれがさらに強化されるというものです。平たく言えば、穏やかにリラックスする意図で集中する時間（例えば、こころを鎮める意図で呼吸に注意を払う時間）を意識的に設ける／増やすことで、あなた自身が（イライラ、ザワザワの代わりに）より穏やかでリラックスした「あり方」を平常モードとして手に入れるようになり、ゆくゆくは、そういうひとになっていくということを意味します。

意図的に呼吸などの対象に注意を払う練習を積むことで先に述べた脳の扁桃体の働きも穏やかになるため、ハイジャックの発生回数を抑えていくことができるようになります。筆者自身は、会社員時代のほとんどを外資系企業で過ごしながら、全く穏やかではない気持ちで仕事をこなしてきました。常にマルチタスクの物理的な忙しさに加えて、「仕事のパフォーマンスが落ちたらクビになってしまうかも」という恐怖心、「こんなに忙しくて大変なのだから、頑張りが認められて昇給昇格しても良いはずだ」「自分の主張、やり方を尊重して欲しい」という自己顕示欲や闘争心……このようなこころ模様で、前に前にと必死に走り続け、疲弊していました。

　現在、マインドフルネスの練習を始めて６年ほどになりますが、その間、呼吸の深さ、まわりに対する感情、まわりとのコミュニケーション、起きることの受けとめ方、食事の内容や量、食事のいただき方、歩き方、自分の目に入る世界の見え方や自身のあり方などのあらゆることが少しずつの積み重ねで大きく変化したように感じています。何と言っても「キレる」ことが劇的に減り、心身ともに楽になりました。ひとは変われるということを、ある程度は実証できているのかもしれません。これらの変化のきっかけは、「深い呼吸に意識を向けるだけで自分で気持ちを落ち着かせられ、自分の内がクリアになる」ことを体感したからでした。このマインドフルネスの世界についてもっと理解を深め、良さを周囲にも広くシェアしたいと思うようになり、現在に至ります。

　さて、脳神経回路が先述の可塑性によって書き換わるには、平均して１〜２ヵ月を要すると言われています（それくらい、怒りや不安などの強い気持ちと付き合っていくのは簡単ではないということです）。だからこそ、**マインドフルネスの反復練習がカギ**となっていきます。実践の場を重ねながら、私たちは意図的により穏やかにリラックスした時間を設け、周囲と調和した生き方を形づくることができます。自身の内と外で起こっていることに気づく力がアップすると、ひと（組織）と自分とのご縁、誰かの優しさや思いやり、自然の美しさなどの色々なことが当たり前ではない、特別なものになっていきます。そして結果的に、感謝や幸福を感じることが増えていきます。**気づく力は、幸福な人生を自分でデザインしていくという長い旅路の、地味だけれど大切な一歩**です。そして、大人の導きで、子どもたちもこの一歩を踏み出すことができるのです。

マインドフルネス・EQ教育の世界のトレンド

　ここまでお伝えしたとおり、マインドフルネスやEQ（感情知性）の領域は鍛えることでその効果をより高められますが、特に**青少年においては学力、創造性や効率・生産性がアップする**点で注目されています。しかしながら、それらは目にとまりやすい結果であって青少年のマインドフルネスやEQ教育の根本的な意味や目的とは異なります。

　それは例えば気分をセルフコンディションする（自力で整える）力や、クリアかつ広く柔軟な視野で物事を「表からも裏からも」観る力、何が本質的に大切なことか見極める力、困難の波に呑まれずに自分の船を漕いでいく力、相手の状況に寄り添う力、何を選択すると自分や相手、みんなにとって最善をもたらすか包括的な判断をする力などです。マインドフルネスとEQは私たちに多くの彩りある果実をもたらしてくれます。

　つまり、小手先のスキルアップではなく、**人間としての器や魅力、底力が培われ、ひいては生きる力そのものが高まること**が、マインドフルネスやEQのトレーニングに期待されることなのです。

　EQが高い子どもたちが大人になった後の姿について触れましょう。先述のダニエル・ゴールマン博士が着目する、米国で30年以上にわたり1,000名以上の青少年を対象として行ったある研究[*6]によると、**計算能力や記憶力といったIQ領域で優れた子どもよりも、「認知コントロール」ができる子どものほうが成人後に経済的に成功している**という結果が示されています。

　「認知コントロール」とは例えば、目先の欲求を（さらに大きい目標に向けて）当座のあいだ辛抱する力や、衝動や怒りを落ち着かせる力、学びの結果だけでなくその過程も楽しむ力などのことを指し、一言で言えば自分の感情を調整する（セルフレギュレーションする）力としてEQ領域の主要素の1つに数えられます。

　IQは（いわゆる詰め込み型の）受験勉強を経て有名大学に入学することや、大学卒業後に人気企業に入社する機会を勝ち得ることには有効かもしれませんが、以上のとおり、EQに乏しいと社会に出てから長きにわたり公私の成功を続けていくのは難しいということがわかりつつあります。EQは青少年のうちから鍛えて伸ばすことができるため、IQ系の教育に

EQ のトレーニングも加えることが望ましいとゴールマン博士も説いています。

　さて、EQ を育む上でマインドフルネスが助けとなることは先に述べたとおりですが、そのマインドフルネスの効果は現在、欧米諸国の実業界、政界、トップアスリートの世界、そして教育の世界などで広く認知されており、実践の機会をどのように日々の生活に取り入れるかが議論・検討されています。

　実業界においてはマインドフルネスや EQ の領域を研修などの一時的な機会として組織に取り入れるだけでなく、日常生活に浸透するよう、仕事からしばし離れて一人静かに呼吸に集中するための空間（マインドフルネスルームやウェルネスエリア、リチャージ（（充電））ルームなどと呼ばれます）を職場に設けるような企業も増えています。なかでもカリフォルニアを本社とする先進的なテクノロジー企業には、本社ビルの全フロアや世界の全拠点といった規模で、このような空間づくりを徹底しているところもあります。そういった企業では経営陣が一様に、「より革新的でクリエイティブに発想するためには、社員は "ノイズ" から離れるひとときを持つ必要がある」と語っています。

　また、スポーツの世界でもオリンピック選手などのトップアスリートの多くが、気持ちをリラックスさせ、1回1回の勝ち負けへの執着やスポンサーとの複雑な関係といったストレス・プレッシャー要因から意識を離し、なぜ自分は限界までがんばりたいのか、スポーツの楽しさはどういうところかなどの本質にこころの目を向けられるよう、マインドフルネスや EQ をベースとしたコーチングを受けています。

米国では50,000人以上の教員がマインドフルネストレーニングを受講済み

　さて、ここからは教育の現場に目を向けてまいりましょう。**世界の教育シーンでもビジネス界同様、マインドフルネスを現場に導入するトレンドが高まっています。**教職員および（教職員経由で）青少年にマインドフルネスを伝える北米最大規模の NPO 法人「Mindful Schools」は、2007年の発足以来すでに50,000人の教職員に研修を届けています。

　その背景として、米国では18歳以下の青少年の1/3が何らかの不安障害を抱えており、十代がデジタル娯楽に触れる時間は1日平均9時間、高校3年生の実に40%近くがしばしば孤独を感じている[7]といった問題があぶり出されていることが挙げられます。米国教員連盟の発表によると、調査に協力した教職員の61% が「常に」あるいは「しょっちゅう」強いストレスを感じると回答し、これは他の職種の平均が30%程度であるのに対して著しく高い結果となっています[8]。また58% が精神的に不健康な状態にあると回答しており（2017年データ、2015年は34%）、公立学校の教師の燃え尽きによる退職がかつてないレベルで増え

ている[*9]ことなども問題視されています。いかに深刻でストレスフルな環境に先生も生徒も身を置いているかが容易に想像できますね。

ニューヨーク市公立小学校で筆者友人Mahoney先生が毎週行っているマインドフルネス授業

　このように米国では現在、NPO主導で教師同士の学びの場やネットワークが積極展開されていますが、それだけではなく、マインドフルネスを教育の現場に届ける上での有効性を実証するために、脳科学、心理学、教育学などの専門機関で研究も進められています。

　世界のトップ教育機関の1つであるマサチューセッツ工科大学（MIT）は、5年生〜8年生（日本では小学5年生から中学2年生に該当）2,000名を対象に研究を行い、**マインドフルネスの実践と、成績（得点）の向上や欠席・停学数の減少およびストレスの低減には相関関係が見られる**との結果を発表しています[*10]。

　また、100名の6年生（日本でも小学6年生に該当）を2グループに分け、片方は8週間の呼吸に集中するマインドフルネスワークを行い、もう片方は同じ期間に通常のコンピュータ（コーディング）の授業を受けたところ、呼吸集中ワークを行ったグループではストレス指数が低下し、悲しみや怒りといったネガティブ感情が低減し、扁桃体の活動（キーワード：13頁「扁桃体ハイジャック」）が穏やかになりました[*11]。

　なお、この研究レポートではこれらの効果を確かに認めつつも、2ヵ月程度のトレーニングでは終了後に元に戻ってしまうことも指摘しています。MITで脳科学・認知科学を専門とするジョン・ガブリエリ教授はレポート内で「スポーツジムは通うのをやめてしまうと効果がそこで止まってしまう。マインドフルネスも同様に、**こころのトレーニングとして継続して取り組む必要がある**」と述べており、同研究チームでは今後に向けて、通年のトレーニングを行った場合の効果を検証することも計画しています。

　MITと同じく世界の名門であるイエール大学でも、センター・フォー・エモーショナル・インテリジェンス（イエール大学EIセンター）において、EQの導入で幼稚園から高校までを変革していくことを目的に、学術・科学的に裏付けられたEQ教育プログラム「RULER」が開発されました。マインドフルネスやEQの領域が通常の授業の一環として各校にスムーズに導入・展開されていくよう、2日間のRULER指導者養成トレーニングには校長や理事（管理者）の経営層と担任教諭から成る「チーム」が受講者として迎えられてお

り、現在、米国内外の公・私立、教区立等の小学校から高校2,000校がこのRULERプログラムを導入しています。

英国では国会議員グループが「マインドフルな国家、英国」調書を発表

　英国も教育へのマインドフルネスとEQの普及に力を入れる国の1つです。英国ではなんと2015年に、全政党の国会議員から成るマインドフルネスグループ（Mindfulness All-Party Parliamentary Group）が「Mindful Nation UK（マインドフルな国家、英国）」と題する調書を発表し、政治、経済、教育を含むあらゆる分野にマインドフルネスを浸透させるための具体策を提案しました。

　同国での教育面への取り組みの背景として、やはり米国と同様に青少年の「メンタルヘルス・クライシス」が社会問題となっていることが理由となっています。英国では、5歳から16歳までの青少年のうち10％（単純計算でひと学級に3人いることになる）が何らかの精神疾患を経験し、15歳と16歳のうつ病患者数が1980年代と2000年代の比較で倍増していること、潜在的な臨床精神疾患を抱える青少年が国家全体の同年代の30％を占めることがわかっています[12]。慢性的なストレスは精神疾患だけでなく、学力低下の深刻な問題も引き起こしてしまいます。

　そのような中、思考や行動を管理・統制する脳の実行機能を活性化し、ストレスを低下させるマインドフルネスが、精神面でも学力面でも良い結果をもたらすことが調書の中で明言されています。調書によると、社会性および感情のスキルに関係する（マインドフルネスを含む）トレーニングを受けている生徒は、**気を散らせるものを無視する力やメタ認知力、集中力を高めることで成績を向上させる**点が明らかとなりつつあり、その**効果は学習障害（LD）のある子どもにも見られています**。また、ほんの5分間ほどの軽いトレーニングであっても、継続的に取り入れることで様々な効果が得られることが研究結果として示されています。

　一方、精神面では、倦怠感やネガティブ感情（悲しさ、怒り、恐れ、神経質さ、罪悪感や不安など）を鎮め、代わりに**幸福感や落ち着き、総合的なウェルビーイングを上げる**といったことが明らかになっています。また、**注意欠如・多動性障害（ADHD）のある子どもの行動にも良い変化が見られる**ことや、衝動的・闘争的・反抗的な行動が鎮まる効果についても調書には記されています。

　このように、自己認識力と自己調整力が高まることで学力面と精神面の両面でポジティブな効果がもたらされ、結果として、よりよい学校生活が子どもたちに届けられることが判明しています。様々な効果が示されるなか、2015年時点で英国の2,000人がすでにマインドフ

ルネスを青少年に届けるための指導者トレーニングを受講しています。

日本でも成果が期待される

さて、ここまでにご紹介した欧米の教師や生徒が直面する諸問題は、日本も他人事と看過できない状況と言えるのではないでしょうか。日本国内でも、先生方の物理的な忙しさ、精神的なストレスやプレッシャー、燃え尽きリスクの高まり、そして子どもたちのストレスや精神疾患、いじめといったことは大きな社会問題となっています。

なお米国では青少年だけでなく、教師陣もマインドフルネスの恩恵を享受しています。先述のNPO法人、Mindful Schoolsのトレーニングを受けた教員と彼らを通じてマインドフルネスワークを実践した生徒を対象とした調査では、次の成果[13]が明らかとなっています。

＜教職員＞

・90％が、ストレスが低下しセルフ・コンパッション（後述）が向上した

・82％は、生徒とより深くつながれるようになった

・80％は、カリキュラムの指導が精神的に楽になった

・77％は、仕事への満足度がアップした

＜生徒＞

・89％は、感情の調整力が向上した

・83％は、集中力がアップした

・76％は、困っている誰かを助けてあげたい、一緒にいてあげたいという思いやりの気持ち（コンパッション：後述）がアップした

・79％は、学校への愛着心、つながり感がアップした

日々の勤務時間が長く、常にマルチタスクで仕事をしながら学級では子どもたちにも目配りをされている先生方にとって、この本でご紹介している内容に「大変だ、また新しいことを教えないといけない」と感じていらっしゃるかもしれませんね。でも、マインドフルネスやEQの世界をご自身が体験したり、子どもたちに伝えながら一緒に楽しむひとときを持つことで、子どもたちだけではなく実は先生ご自身のストレスも低下し、より気持ちがリラックスし、幸福感・充足感を上げることができるという科学的な根拠がすでに示されています。ぜひご自身のためにも、積極的に、そして（英国での研究で示されているように）無理なく短い時間で少しずつでも、続けられることをおすすめします。

辛い出来事・気持ちからの回復力「レジリエンス」

　努力の末に思ったとおりの、もしくはそれ以上の成果が出せたなら、最高の気分で自分に誇りと自信を持てることでしょう。でも人生は長く、キラキラの成功ストーリーばかりではありません。努力はしたけれど結果が思わしくなかったり（勉強はしたけれど良い点を取れなかった、今期も昇格しなかった等）、突如困難に見舞われたり（大切なスポーツの試合直前だというのに怪我をしてしまった、リストラに遭った、仕事で燃え尽きてしまった等）と、想定していないタイミングで色々なことが起こるものです。

　困難な状況下では、人はつい「自分はダメ人間、価値がない、もうだめだ」「こんな出来では誰にも褒めてもらえない、認めてもらえない」「いつまでこんな状況なのだろう、これからどうしよう」「私の存在なんてちっぽけだ（もう消えてしまいたい）」「情けない」「恥ずかしい」などと感じて、自分のすべてにバツをつけたくなります。

　困難な状況のもと、ついそういった気持ちになるのは自然なことなのですが、あまりにも否定的に思い詰め悩み続けると、辛い時期を越えるのに時間がかかり、その間にこころが疲弊してしまいます。

自力で、辛い状況を早めに乗り越えていくという発想

　でも、こういった辛い状況を乗り越える力は、実は自分で培うことができます。「レジリエンス（回復力）」と呼ばれる概念で、EQ領域の「モチベーション」を維持したり取り戻したりすることに有効とされています。いまビジネスの世界でも、健やかなこころとからだで長期にわたり活躍するための必須の要素として注目されています。

　そして、このレジリエンスを得るための考え方の1つに、**「セルフ・コンパッション（自分に慈愛や優しさ、思いやりを向けること）」**があります。レジリエンスもセルフ・コンパッションもどちらも学習可能で、トレーニングを積むことで人生で実践力を高めることができます。

　レジリエンスの第一人者と言われる米国の神経心理学者リック・ハンソン博士と、セルフ・コンパッションを世界に先駆けて提唱した米国の教育心理学者クリスティン・ネフ博士が伝えている内容をまとめると、大まかに言って次のような行動を日頃から実践していくこ

とで回復力を培い、前向きな気持ちで自身を成長させていくことができると考えられます。

- ・安心感を持つ（守られていることを意識）
- ・充足感を持つ（既に手に入れてきたこと、達成を意識）
- ・他者とのつながり感を持つ
- ・上手くいっても、いかなくても、ありのままの自分に対して優しさや
  思いやりを向ける
- ・他者とは違う強みや魅力、感性が、自分にはあるのだと認識する
- ・人生には良いときも、そうでないときもあるのだと理解しておく
- ・そのどちらもが、誰にでも起こるということを知っておく
- ・そのどちらもが、永遠ではないということも知っておく
- ・起きたこと自体を否定したりなかったことにしたりできるわけではない
  起きたことは起きたこととして、ありのままに受け容れていく
- ・自分で自分に優しさをあげたり励ましたりして、応援することができると
  知っておく。それを習慣化する

AI 時代・デジタルの世界に身を置く上で、人間だからこそミスをしたり失敗したりすることもあると認識しておくことは非常に大切です。こころの基礎として、「**上手くいくときも、そうでないときも、自分のありのままがすでに尊いものである**」ということを大切に覚えておきたいものです。

子どものうちからそういった自己肯定感をきちんと培いながら、安心感や充足感を意識する術や、セルフ・コンパッションの手法で自身を思いやったり励ましたりする術を持っておくことで、何か辛い状況に陥ったとしても、（単なる災難でおしまいにせずに）学びの機会だと受けとめて成長したり、いまの辛さは永遠に続くわけではないととらえ、モチベーションを保ち、自分のことを応援できるわけです。

日本では古くより文化的に「反省は成長の鍵」「謙虚さは美徳」「責任感をもって償うべき」「自分の願いや気持ちを譲ってでも、相手を立て、上手に周囲と調和すべき」といった考え方が社会に浸透してきました。もちろんそれらの良い面もたくさんあり、真っ向から否定することは全く意図していませんが、こういった考え方が行き過ぎると、常に（自分が悪いのだと）自己批判したり、自己肯定感が低く自分の意見や考えをすぐに却下したり否定し

たりといった負の部分が生じるのも事実でしょう。

　辛くへこたれてしまう出来事は、大人にも子どもにも突発的にやってきます。その「落ち込み期」「困難期」に見舞われたとき、「自分がダメだから、まだまだだから、こんなことになるのだ」と考えたり、それに輪をかけて「落ち込む自分は、もっとダメ！」と自分を責めたりと、「自己否定のミルフィーユ」をつくらないようにしていきたいものですね。

　「こんなことになって、本当にどうしようもないわたし。情けない。恥ずかしい。もっと努力していかないとダメ！」というメッセージを自分に送るか、「起きたことは起きたこととして受けとめ、今後への学びとしよう。大好きなわたしを全力で応援していくからね」というメッセージを送るか。困難な状況に見舞われたとき、どちらが早くもう一度自らを奮い立たせ、健やかに成長を続けるかは、自明の理です。

　パート２の冒頭にあるワーク４の概要にて、このセルフ・コンパッションが**決して自分への甘えではない**ことをお伝えしています。**自らを励まし応援することは、むしろモチベーションを上げ困難期を早めに脱する助けとなる**ことが科学的に明かされてきつつあります。

西日本豪雨の被災地、岡山県倉敷市の小学校をボランティア訪問し、セルフ・コンパッションのワーク（4 - 1）をお伝えしている様子。

　回復力を培っていくための具体例として、パート２のワーク３ではハンソン博士の手法を、ワーク４ではネフ博士の提唱するセルフ・コンパッションに関する実践法をご紹介しています。辛い状況を抜けるまで悶々として待つのではなく、自ら「回復力」を手に入れられるということ。大人も子どももぜひ学んでおきたいことです。

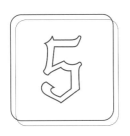

5 他人ごとを、自分ごとに

　ここまでに自分自身のこころに向き合い、整えるためのマインドフルネスとレジリエンスについてご紹介しましたが、ここからはEQのなかでも、対人関係に深く関係する領域に触れてまいりましょう。対人関係に関わるEQ領域を学ぶことは、実は、子どもが人生での

リーダーシップや組織でひとを導くリーダーシップを発揮する場面で非常に大きな助けとなります。

社会人にとって特に重要なEQ

　EQの高い青少年のほうが成人後に経済的に成功する傾向にあるという米国での研究結果は、「3．マインドフルネス・EQ教育の世界のトレンド」でお伝えしたとおりですが、他にも様々な観点でEQが社会で、特にビジネスシーンで必須であることがわかってきています。

　例えば、米スタンフォード大学経営大学院の評議会では「ビジネスリーダーが伸ばすべき一番の能力は何か」というテーマに対して、評議員75名がほぼ全員一致で**「自己認識」**と答えています[14]。

　また、ゴールマン博士が重視しているリサーチに、複数の企業内における成績優秀なスター社員と平均レベルの社員を比較し、スター社員がどういったスキルセット（能力の構成）で抜きん出ているのかを調べたものがあります。両者で大きく差がついたのは、自己認識力、自己調整力、共感力、そして社会性であり、EQ領域こそがいわゆる「仕事がデキる」要素であることが判明しました[15]。このほか33万人以上を対象とした、管理職（中間管理職から経営層まで）に必要とされる資質とは何かを調べる調査[16]でも、上位8種のうち「他者の活力やモチベーションを上げる力」「誠実さ・正直さ」「結果に向かってやり抜く力」「協調性」など、そのほとんどがEQ領域に関わる資質（IQ領域では、問題分析・解決能力と職務専門性の二つのみ）であったことがわかっています。

共感力は心理的安全性を生み、チームの本領を発揮させる

　ビジネスの世界でいかにEQが大切かをお伝えしましたが、学校や家庭であれ、ビジネスの世界であれ、ひとがコミュニティで幸せに生きていくためには良好な対人関係はなくてはならないものです。対人関係に関わるEQ領域である**共感力とは相手の喜びや痛み、困難に対して「その気持ち、わかる」と自分ごとに感じる力**のことですが、実はこの力は自分も同じ体験や思いをしてきた（＝認識してきた）からこそ培うことができます。自己認識力がEQ領域の一番の土台とされるのは、自分を正しく知ることがEQを育む始点となることに加え、このように他のEQの領域を伸ばす働きをするためです。

　そもそも、対人関係において共感力はなぜそんなに大切なのでしょうか。Google社が行った調査を例に挙げましょう。2012年に同社は**「効率や生産性に優れたチームの一番の条件は何か」**をテーマとする社内の調査プロジェクトを立ち上げ、5年の歳月を経て、その一

番の条件が「**心理的安全性**」であることを発表しました[17]。

　チームにおいて自由に気兼ねなく発言することが歓迎・奨励されていると感じられ、本来の自分を（調子が良いとき、そうでないとき両面で）ありのままに出して良いのだと感じられるなら、メンバーはいきいきと安心して働きながら力を発揮することができます。そういったチームからは革新的なアイデアが生まれますし、仕事のミスが起きた際も（パニックや隠蔽を起こさずに）スピーディに社内に報告・是正することができ、メンバー個人の学歴・職歴が優れたチームよりも効率性や生産性が高いことがわかりました。

　なお、組織にこの**心理的安全性をもたらす鍵は、リーダーとチームメンバーが「共感力＝自分のことをわかってくれる力」を持ち合わせていること**とされています。つまり、学級や先生同士（大人同人）、家族という集合体でも共感できる関係なら心理的安全性が生まれ、個々人がのびのびと幸せに、本領を発揮できるわけです。

　また、共感はひとの気持ちに寄り添ったコミュニケーションを叶えるため、相手は「気持ちをわかってもらえた」「話を聞いてもらえた」と心理面の大きなサポートをもらえ、双方の絆を深めることができます。そして共感力を持つからこそ、他者の辛さがよくわかり、助けてあげたい、もっと幸せで楽しい気持ちになってもらえるようにサポートしたいという気持ちが生まれ、自分発の行動力を発揮することにもつながっていきます。

　この**「助けてあげたい、楽にしてあげたい、喜ばせてあげたい」という気持ちを持ったり行動で表したりすることは「コンパッション」**と呼ばれています。日本語では「慈悲」や「内面の知恵に基づく思いやり」などと訳されることが多いですが、「自分や相手を深く理解し、役に立ちたいという純粋な思い」つまり「共にいる力」とも言えます。[18]

　なお、このコンパッションを自分自身に向けるセルフ・コンパッションについては21頁で説明しています。

　以上のように、自己認識力を育てることで他者への共感力も向上し、そこからチーム・集団での心理的安全性が生まれ、個々がのびのび活躍できるようになります。そして、そういった自発性が歓迎されているからこそ誰かを自分発で助けたい、喜ばせたいというコンパッションや利他の精神も培われていきます。自己を認識することは、このようにまわりへの思いやりへとつながっていくのです。

周囲への思いやりは、私たち自身も幸せにする

　コンパッションや利他の精神を理解するために、パート2のワーク8では「他人ごとを、自分ごとに」というテーマを掲げており、便宜上、親切をあげる対象を同級生や、なじみの

ある誰かとしています。しかしながら、実際には心理学や社会神経科学、行動経済学などの様々な研究で、人間の脳には人を助けることが基本の働きとしてプログラムされており、利他の精神で誰かのためになるよう動くだけでも、幸福感や充足感、自己肯定感を上げることが明らかになっています。

消防士の皆さんが（特定の誰かのためではなく）街のために快活に働いている点などからも明らかですね。身内や友人だから、そうではないから、という線引きを超えて、世の中のあらゆる人々の状況に気づき、共感し、自分に何ができそうかを発想し、頼まれなくても自分発で行動することで、大人も子どもも、いきいきと前向きかつ幸せに活躍していくことができるでしょう。

「情けは人のためならず」とは、先人はよく言ったものです。なお、世界のビジネスシーンではいまやコンパッションを取り入れた経営手法が生まれています。これは会社の事業・文化・リーダーシップのあり方として「思いやりを持つこと」を最優先事項として掲げるものですが、実際に取り入れている企業には目ざましく業績を伸ばし、文化的にも社内外で好意的に評価されているところもあります。なお、コンパッションや利他の精神を知り、体現していこうと試みる上で大切なことは、自己犠牲にならないようにすることです。コンパッション経営を展開する企業でも、まずは社員自身の心身の健康に気を配るよう奨励しています。

教育で伸ばしてきた力と、実社会でいま必要とされる力のずれ

もしかしたら先生方も保護者の方々も、子どもたちが IQ 系教育で学力を伸ばして偏差値の高い学校を卒業できたら、有名一流企業に勤めてエリートとして成功していくというクリアな一本線を思い浮かべていらっしゃるかもしれませんね。

しかし、ここでお伝えしたように、実社会で求められる能力や資質は EQ があってこそもたらされるものばかりです。論理的思考や情報の分析力よりも、自己を認識したり他者に共感したり辛い思いをしている誰かに救いの手を差し伸べることを大切にするひとが、長きにわたり幸せに成功できている姿があるようです。**自分を愛し、まわりから愛をもらえている、人間力を礎とする生き方**がそこにはあるのだと思います。

このように、IQ に主軸を置く日本の教育システムが伸ばそうとしてきた子どもの力と、実社会で望まれる力の間には大きなずれがあるように見受けられます。日本の教育システムの変革に期待が寄せられる中、EQ 教育はこのずれを埋める大きな立役者となる可能性を秘めています。

あり方
──「みんなの中の、わたし」と「わたしがつくる、みんな」

　パート1の締めくくりとして、個人の「あり方」と、集団の「あり方」について考えてまいりましょう。「あり方」は「Being（状態や存在）」と英訳され、行いとは異なります。地味な存在ですが大きな影響力を持ち、とても大切です。それは、「あり方」がひとからひとに伝播していくためです。特に大人と子どもの関係はまるで鏡のようで、大人が日頃からガミガミ感情的に言い聞かせたり、イライラしたりキレたりすることが多いなら、ほぼ間違いなく一緒にいる子どもにもそのザワザワ感が伝わっていますし、子どもは親の様子を日々よく観察していて、親の機嫌が悪いと自分が怒らせてしまっているのだろうと考えて不安で萎縮したり、罪悪感を持ったりします。また、もしも校内で先生同士が陰で失敗を責め合ったり、辛い状況にある他の先生を見て見ぬふりをしていることがあるのなら、そんな先生間のピリピリした緊張感や冷えた関係性を子どもたちは案外よく気づいていて、ネガティブな思いを抱いたり、心地よい居場所ではないと感じることでしょう。職人の世界で弟子は師匠の「背中に学ぶ」などと言われますが、教師と子ども、親と子どもの結びつきにおいても、言葉だけでなく、あり方や佇まいも伝わっていくところがそれと少し似ていますね。

　日本における集団は従来、図3の左図のように全体が1色に染まっていて、個々はその全体色に自分も染め上げないとうまく馴染めず浮いてしまう、叱られる、いじめられるということが起こっていました。「KY」（空気を読めな

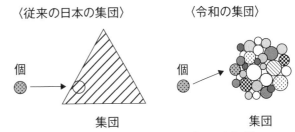

図3　従来の日本の集団と令和の集団のイメージ

い）は、言葉のニュアンスは軽やかなのに、「そうあってはならない」という厳格な集団ルールとして人々の意識のどこかに常にあるように思います。しかしながら令和2年目のいま、集団のあり方とは図3の右図のように、個々がありのままに、それぞれにとっての幸せを大切にしながら寄り集まって形づくられる姿が望ましく、その辺りを意識している先生方、保護者の方々も多くいらっしゃるのではないでしょうか。

　こういうフラットな組織には先生や保護者も1メンバーとして参加する形になりますが、

子どもたちの集団において大人の影響力は強く、グループ全体のあり方を決定する存在となります。だからこそ、まずこころに留めたいのは**「この集まりは安心してリラックスできる場」だと子どもたちに伝えられるあり方**でいるということです。先述のとおり、心理的安全性が約束されているからこそ、子どもたちはのびのびと自分らしさを花開かせ、才能を伸ばすことができます。呼吸への集中で気持ちを落ち着けることや、感情の調整、他者への共感や手助けといったマインドフルネスや EQ のエッセンスを子どもたちに伝えることを 1 枚のパズルに例えるなら、最後のピースはそれらを現した「大人のあり方」だと言えます。大人のあり方が伝えている内容と整合していなければ、子どもたちが納得する学びを得るのは難しいでしょう。鏡のような大人と子どもの関係性だからこそ、子どもたちに接する際にマインドフルネスや EQ のトレーニングで得られることを体現いただけるよう、大人の皆さまにもワークのご体験をおすすめしてまいりました。

完璧なお手本 VS 自然でありのままのお手本

　さて、大人の「あり方」が子どもたちの「あり方」に大きく影響するわけですが、それでは大人はお手本として、心身がピシッと完璧に整った姿をいつも見せていないといけないのでしょうか。でも、「完璧であること」は、先生方や保護者の方々のストレスになってしまいますよね。

　そのあたりのバランス感のご参考となるよう、1 つリサーチをご紹介したいと思います。ある研究で、親が失敗や挫折に見舞われたとき、無理に隠したり取り繕ったりせずにありのままでいる（子どもに伝えている）ほうが、弱みを決して見せない完璧な姿であるよりも、子どもには精神衛生上ポジティブに働くという結果が示されています[*19]。

　例えば、思春期の子どもたちは外見や成績（受験の合否も）を他者と比べては自己嫌悪や自己批判に陥ることが多く、すべての面で自分は完璧でないとダメなのだと思い詰めがちです。そして経済的・社会的に成功した親の「失敗しない」「ブレない」姿はさらなるストレス・プレッシャー要因となっていきます。でも身近な大人が自然体で、人生や自身の不完全さや失敗も笑顔で受けとめて前向きでいると、その姿に触れた子どもは「完璧でないのが自然な人間の姿。自分だって、上手くいかないときがあってもいい」や、「失敗も含め、自分のありのままはオンリーワン。別に他と比較する必要なんてない」などと感じとることができます。それは、その子の人生にとても大きな意味を持ちます。大人に褒められても褒められなくても、そして結果が成功か失敗かに関係なく、「ありのままで自分はすでに十分素敵な存在だ」と最初から自身で思えるなら、評価を大人に頼ることなく自力で安心や充足を得

る最高の自分応援スキルを手にすることになるからです。

　また、子どもに教育を届ける立場の大人は、何か有益なことを「伝えなければ」、と考えるのが自然ですが、世界の児童心理に関する数々の論文で、大人は側にいて話にただ耳を傾けてあげるだけで子どもの気持ちは安心・安定し、感情サポートに大いに助けとなることが取り上げられています。

　以上をまとめますと、大人が子どもの前で穏やかにリラックスした雰囲気を体現することは大前提としても、**完璧さの代わりに「失敗・挫折ありの自然の姿」を受け入れた前向きなあり方**や、"教える・伝える"の代わりに**ただ一緒にいて優しく耳を貸すというあり方**が子どもの気持ちを落ち着かせたり、上向かせたりするわけです。子どものための大人のあり方は実は私たちが思い描く以上に、力まず人間らしく、自然体で良いと言えるのではないでしょうか。あなたご自身の自然体は、どのような姿でしょうか。幸せな姿はまわりに伝播することが科学的に証明されています。子どもたちをいつのまにか幸せな気分にさせてしまうのが、**あなたのナチュラルかつ幸せな姿**であるのは言うまでもありません。

マインドフルネスで、「自分らしい幸せ」に出合う

　そんな「自分らしい幸せ」を見つめ直すにあたり、次のパートから始まるマインドフルネスの実践は良いきっかけとなるはずです。まずは外野のノイズから目線をこころの中に向けていきましょう。呼吸のリズムと共にゆっくりと、いまこの瞬間のご自身の気持ちを注意深く観察していきます。気づく力・注意力が上がってきたら、今度は好みや思いぐせ、価値観、強みや弱み、幸せの源泉といった自分にまつわるあれこれを知っていきましょう。疲弊しながら頑張り続けたり、完璧さを追い求めて自分や他者に厳しくしたりする自分の姿に気づいたなら、手放すよう意図していきます。自己への認識が深まっていくと、感情を持った一人の（生身の）ひとという自分の姿が浮かび上がり、自分らしくあることは素敵なことだと感じられるようになるはずです。周囲のそんな姿も素敵に映るでしょう。そして、目に入る景色やご縁に感謝の気持ちを持ったり、誰かと共感し合う喜びを味わったり、人生の UP 期と DOWN 期の両方を受け容れてどちらも良いものだと感じたり、誰かが救われるよう自ら手を差し伸べたりと、こころも人生もどちらも豊かになり、幸せ感に満ちていくはずです。

　そのような**「人間らしい、ハートフルな」あり方**を体現した大人が近くにいると、「先生は忙しいのに、いつも目を見て穏やかに話を聞いてくれるから、ぼくも優しい気持ちになれる」や、「お母さんは人生いろいろあった〜、なんて笑っている。いろいろあっても明るくていいね」「店員さんはミスして恐縮していたけど、お父さんは責めないで感じよく御礼を

言っていた。みんなのために働く人に優しさをあげるって素敵だな」と、（この例ではマインドフルネスや回復力、コンパッションがどういうものなのかが）風に乗って子どもたちに伝わっていきます。それは口頭で説明を受けるだけでは得られない、ひとからひとへの「あり方」の学びの機会となります。

世界に誇れる日本の「みんな」

いままでが個のあり方についてでした。では、集団のあり方についてはどうでしょうか。筆者は通算3年間米国で生活し、他にも様々な国を訪れる中で、ときどきに日本の良さに触れ、ハッとしてきました。なかでも、「みんなへの思いやり」は世界で突出した日本の美しいあり方であり、目には見えないけれど一番大切にされるべき日本の資産と感じています。海外のセルフサービスのカフェなどでは「立つ鳥あとを濁しまくり」の光景をよく目にします。テーブルにはトレイや使用後のペーパーが散乱、パンくずが落ちていて、椅子は乱雑なまま。一方日本では、多くの人々が次に使う**「見知らぬ誰かのために」**テーブルを拭き、椅子を整えますね。サッカーW杯ではたとえ日本代表チームが敗退してしまっても、サポーターは必ず観客席のゴミ拾いをしています。**日本のこころの美しさは、「みんな」という集団への思いやりや、「その場を感謝や良心で満たしたい」という気持ちが自然に生じるところ**ではないでしょうか。これは人間らしさが失われがちで殺伐とした VUCA 世界でこれからも燦然と輝いていくひとの優しさや温かさであり、私たちのあり方から、国を超えてさらに広く世界に伝えられるべきと思います。そして、家庭や学校の場で子どもたちに伝えられ、世代を超えて守られていくべきことと感じています。

集団の空気感は流動的です。それは個人が持ち寄る「あり方」に左右されるからです。最低限のルールを各自が守りつつ、「みんな」に愛や優しさ、思いやりを持ち寄ることでより良い集まりが育っていくことを子どもたちに伝えていきたいですね。パート2ワーク8では、この「みんな」のために個々ができることを、子どもたちが体の動きと共に吸収できるよう意図し、「ちょっとだけ日本的な」いくつかのワークを入れています。

令和は「Beautiful Harmony」と英訳されます。ハーモニーは、同じ音に統一するのでは生まれません。個々の自分らしさ、それぞれの幸せの姿を大切にしつつ、それが集合体となって「みんな」がつくられていくイメージですね。**「わたし」と「みんな」は実は互いがあってこそ存在し、片方だけではあり得ない**ものです（わたしはみんなの中、みんなはわたしがあってこそ）。子どもには少し難しい感覚かもしれませんが、この時代に育つ令和キッズにこそ、大人のあり方をもって伝えてあげたいですね。

＊1　チャディー・メン・タン（一般社団法人マインドフルリーダーシップインスティテュート監訳、柴田裕之訳）「サーチ・インサイド・ユアセルフ」，英治出版，2016, p38原文は Peter Salovey and John D. Mayer, "Emotional Intelligence," Imagination, Cognition, and Personality 9, no.3（1990）,185-211.

＊2　和訳はシックスセカンズジャパン社 HP を参考に原文と照らし合わせ筆者が作成。原文は Mayer, J. D., & Salovey, P., "What is emotional intelligence?" Emotional development and emotional intelligence: Educational implications（1997）, 3 -34.

＊3　原文は順に、Self-awareness, Self-regulation, Motivation, Empathy, Social Skills。Self-regulation は心理学で自己制御や自己統制と訳されることも多いが、この本では子どもが主人公のため自己調整とした。

＊4　ダニエル・ゴールマン博士のウェブサイトより http://www.danielgoleman.info/topics/emotional-intelligence/（2020年6月8日閲覧）

＊5　Six Seconds "States of the Heart 2018"- 米国 NPO 法人が世界26万人を対象に EQ テストを実施、結果概要を2019年1月に同日本法人が開示 https://6seconds.co.jp/eq-articles/release-190123（2020年6月8日閲覧）

＊6　Emmie Martine, "This Traits Predicts Success Better than Your IQ," Business Insider, 18 July 2014 https://www.businessinsider.com/what-predicts-success-better-than-iq-2014- 7（2020年6月8日閲覧）

＊7　Mindful Schools ウェブサイトより https://www.mindfulschools.org/about-mindfulness/why-is-mindfulness-needed-in-education/（2020年6月8日閲覧）

＊8　American Federation of Teachers "Educator Quality of Work Life Survey 2017" p2.

＊9　American Federation of Teachers "Educator Quality of Work Life Survey 2017" p4.

＊10　Camila Caballero, Ethan Scherer, Martin R. West, Michael D. Mrazek, Christopher F. O. Gabrieli, John D. E. Gabrieli "Greater Mindfulness is Associated With Better Academic Achievement in Middle School," Mind, Brain and Education, June 2019, p1.

＊11　Bauer, C. C. C., Caballero, C., Scherer, E., West, M. R., Mrazek, M. D., Phillips, D. T., Whitfield-Gabrieli, S., & Gabrieli, J. D. E. "Mindfulness training reduces stress and amygdala reactivity to fearful faces in middle-school children," Behavioral Neuroscience, 133（6）, December 2019, 569–585.

＊12　The Mindfulness All-Party Parliamentary Group（MAPPG）"Mindful Nation UK," October 2015, p29

＊13　Mindful Schools 公式ウェブサイトより https://www.mindfulschools.org/about/（2020年6月8日閲覧）

＊14　Ginka Toegel and Jean-Louis Barsoux "How to Become a Better Leader," MIT Sloan Management Review, 20 March 2012 https://sloanreview.mit.edu/article/how-to-become-a-better-leader/（2020年6月8日閲覧）

＊15　Daniel Goleman "What Predicts Success? It's Not Your IQ," 17 July 2014 http://www.danielgoleman.info/daniel-goleman-what-predicts-success-its-not-your-iq/（2020年6月8日閲覧）

＊16　Jack Zenger & Joseph Folkman "The Skills Leaders Need at Every Level," Harvard Business Review, 30 July 2014 https://hbr.org/2014/07/the-skills-leaders-need-at-every-level（2020年6月8日閲覧）

＊17　Charles Duhigg "What Google Leaned From Its Quest to Build The Perfect Team," The New York Times Magazine. 25 February 2016.

＊18　ジョアン・ハリファックス『コンパッション』（一般社団法人マインドフルリーダーシップインスティテュート監訳），英治出版, 2020, p31.

＊19　Melissa Dahl, "The Alarming New Research on Perfectionism," The Cut, 30 September 2014 https://www.thecut.com/2014/09/alarming-new-research-on-perfectionism.html よりヨーク大学 Gordon Flett 教授の示唆（2020年6月8日閲覧）

マインドフルネスと EQ の ワークを実践してみよう！

それでは実践練習をはじめましょう！

　このパートでは、大人と子どもが感情に気づき、うまく付き合っていくために学校や家庭で一緒に練習できるワークを、数多くご紹介してまいります。

　なお、この本の目的は子どもの EQ 向上プログラムをマニュアルのように一元化することではありません。日々子どもたちと直接的なコミュニケーションをされている先生や保護者の皆さまには言わずもがなですが、学級に導入する場合、あるいは家庭で実践する場合、その日の子どもたちのコンディションや、学級であればクラスの「カラー」（活発あるいは内向的な子が多いのか、先生のリードに積極的・協力的に応じる特定の子どもグループがあるかどうか等）によって、どのワークが効果的なのか異なるはずです。この本ではワークを 8 つのテーマに分けていますが、基本のマインドフルネスワークを終えた後の、グループ 3 以降の順序は厳密ではありません。複数のワークを組み合わせるのもおすすめします。ワークを行う場所についても適宜ご判断ください（特におすすめがある場合には個別のワークに記載しています）。

　ぜひ、子どもたちとも相談しながら（小学校中〜高学年にもなると創造的に色々なアイデアを出してくれるはずです）新しいワークも楽しく作ってみられてくださいね。

　Let's be creative!

▼ワーク全体のポイント

　あまり深刻になると何事もストレスになってしまいます。大人も子どもも気軽に、一緒に楽しくワークを続けていくためには、以下がポイントとなります。

・必ず、先生やママ・パパご自身でも体験・体感します

　例えるなら、ご自身が泳げないのに、岸辺から声かけだけで子どもに水泳を教えるのは至

難の業ですよね。ぜひ、実際に子どもたちに伝える前にまずはご自身で練習してみてください。呼吸への集中（ワーク１）でこころのリラックスを得られることや、セルフ・コンパッションのワーク（ワーク４）で気持ちが上向いて温かくなること、（怒りや心配など）強い感情に気づいたら、自らを落ち着かせられること（ワーク６）などを実際に体感し、それをご自分の言葉で説明することは、子どもにより深い体験を届けることにつながります。

・子どもたちの反応に都度一喜一憂せず、泰然と
　こう伝えればうまくいくはずなのに、との期待からご自身を解放いただき、まっさらな気持ちで、これは伝わるかな、今日はうまくいくかな（難しそうかな）、と好奇心でお試しください（筆者の定期クラスで同じメンバーの子どもたちにワークをお届けしていても、反応や手応えは毎回異なります。そのときは無関心な様子だからといって、子どもの内面に全く作用していないというわけではありません）。

・EQ 値は皆それぞれです
　教室で集団に伝える際に、すぐにポイントがつかめる子と、無関心な／理解に乏しそうな子の差異が出るはずです。EQ 領域での優等生というレッテル貼りやランクづけ、他のクラスとの比較（＆先生の自己批判）や学級全体の平均値アップを目指すといったことはなさらず、個性を大らかに受けとめ、個々のための成長機会として届けましょう。ご家庭で保護者が伝える際も、同じです。

・継続は力なり！で気長に楽しく
　実際に「なんとなく、穏やかに落ち着いている時間が長い気がする」と、大人と子どもが自他共に気づき始めるのには、個人差がありますが（毎日ワークを続けても）１〜２ヵ月かかると言われています。続けていきましょう！

・子どもたち自身の「選択」を尊重
　自身の内面に気づくことを奨励する中で、（人と違う）自分の好みに気づくことも起きてくるはずです。場合によっては、普段の席ではなく教室／自宅の片隅に移動したがることもあるかもしれません。それぞれの好みは、進行に差し障るレベルでなければ、そのまま尊重しましょう。

　まずは、子どもたちに接する大人の方々にひとときの温かい癒しタイムを持っていただき、疲弊したこころをセルフケアする感覚を体験いただきたいと願っています。日中のご自身の

頭（脳）は常にマルチにフル活動の状態だと思われますが、その頭に一休みしてもらい、こころを主人公としたときに、浮かび上がってくる思い・感性・感覚との出合いがあなたに訪れますよう祈っております。

▼ ワークのために準備するもの

・トライアングルかベル

高い音が長く鳴るものがおすすめです。エナジーチャイム（板状の台に付いた金属製のパイプをマレットで叩くもの）や、ティンシャベル（金属製のベル2枚を合わせて音色を出すもの）等。

エナジーチャイム
（ネットストア等で購入可能）

・気持ちメーター

ワーク1-3で作ります（必ずしも毎回必要ではありません）。国内では気持ちメーターは特別支援学級で使われることが多いようですが、海外では体裁に関わらず、様々な表やイラストが自己認識力のトレーニングのために広く使われています。

ティンシャベル
（ネットストア等で購入可能）

▼ 基本の姿勢について

静かに座って呼吸に意識を集中する時間は、脳を休める時間となります。脳をゆったりと鎮めることで、一般的にはリラックス感が高まり、気持ちがすっきりとし、爽快感・明瞭さが得られるとされています。呼吸に安定的に集中するためには、グラグラしない体勢づくりが大切です。安定していて本人が心地よいなら、形式よりもそちらを優先しましょう！

■あぐら座になる場合

・おしりの二つの骨がバランスよく床に接しているのを感じる

・ぐらぐらしないバランスを見つける

・からだの柔軟性によって、あぐらだと安定しにくいときがあります。正座でももちろんOKです！（体育すわりは深呼吸をしにくい体勢なのであまりおすすめしません）

■椅子に座る場合

・足は組まずに

YouTube（動画）

あぐら座に
なる場合

椅子に座る
場合

大人用椅子に補助
をつけて座る場合

・足のうらは、床にぴったり

・ひざは直角を意識して、背もたれにはもたれずに

■**あぐら座の場合と椅子に座る場合の共通した姿勢**

・背中は、「ピーンと反り返る」と「猫背」のあいだ、自然なカーブでリラックス

・手はももか、ひざの上に。手を重ねて足の間に置いても OK。手のひらを上にすると肩の力が抜けて楽ちん！

・片手を胸、片手をおなかにそっとつけてもリラックスして落ち着ける。ちょうどよく落ち着けるスタイルを選ぶよう、子どもたち自身に任せましょう！

■**起立する場合（立った状態で練習できるワークもあります。）**

・両足で均等に立ち、手は体側もしくは片手を胸、片手をおなかに。目は開けていて OK。

■**横になる場合（横になって練習できるワークもあります。）**

・ただ床に大の字に寝そべるだけです。

あぐら座になる場合　　椅子に座る場合　　起立する場合　　横になる場合

【ご紹介するワークは、筆者オリジナルのほかに、以下を参考にしています。】

・青少年の EQ およびマインドフルネス関連書籍

　Daniel J. Siegel and Tina Payne Bryson, The Whole-brain Child: 12 Revolutionary Strategies to Nurture Your Child's Developing Mind, Bantam Books, 2012.

　Susan Kaiser Greenland, Mindful Games Activity Cards, Shambhala, 2017.

・ニューヨーク州公立小学校や定期クラスで子どもにマインドフルネスとヨガを伝えている「Little Flower Yoga」指導者養成プログラム（筆者ニューヨーク在住時代に習得）

・マーティン・ルーサー・キング牧師の推薦でノーベル平和賞にノミネートされたこともある平和活動家で禅僧のティク・ナット・ハン師が南フランスに設けた「プラム・ヴィレッジ」において、シスター・チャイ・ニェムはじめ僧侶の皆さまにご教授いただいたライフスタイル及び日々の実践内容

・御家流香道香親会幹事 木下薫先生ご主宰の香席（ワーク2 - 9のヒントをいただいた）

・筆者が約１年の学びを経て認定講師となった、Google が開発したマインドフルネスと EQ をベースとしたリーダーシップ研修プログラム「Search Inside Yourself」で伝えている方法

・国内で活躍するマインドフルネスおよびキッズヨガの講師陣にご紹介いただいたワーク

ワーク１の概要　呼吸に親しみながら、自分を知る（46〜65頁）

　呼吸は生きている間に絶えず行われ、意識していてもそうでなくても、一番安定して自分の身に起きています。その地味ながらも自分の命を支えている縁の下の力持ち、呼吸にスポットライトを当ててみましょう。まずは呼吸そのものに集中して、忙しく働き続ける脳にはひと休みしてもらいます。ゆったりと呼吸することで副交感神経が優位になり、こころが穏やかさを取り戻しリラックスできることに、大人も子どもたちも気がつくことでしょう。これを裏返すならば、「こころが穏やかにリラックスできる（と自分の気持ちを認識する）から、ゆったりと深呼吸する」となりますが、このようなロジックを日頃から自分の中に道具^{ツール}として持ち合わせていることはとても大切です。

　自分を知る＝一人の生きる人間である自分が何者なのか（存在、気持ち、嗜好、価値観、強み弱み、言動の傾向など）を知る**自己認識は、EQを培う第一歩**となります。さらに精緻に自己認識するために、こころを穏やかに落ち着かせ、リラックスした状態で自身の内外のことにありのまま気づいていくマインドフルネスが寄与します。マインドフルネスのトレーニングを通じて自分やまわりの感情や状況によく気がつける状態でいながら、先に述べたようなロジックを持っておくことで、怒りで爆発しそうになったときやがっかりした気持ちになったとき、誰かと衝突しそうになったときなど、色々な気持ち模様になるときに早めに気づき、どう対処したら自分が（相手がいるなら相手も）気分良くいられるか、前向きに頑張れるかを発想でき、感情のレギュレーション（自己調整）ができるようになります。

　筆者が主宰する定期クラスには、ムカムカした気持ちになったときなどに、保護者から指示されなくても深呼吸や指ワークをして自らを落ち着かせようとする生徒さんがいます。静かに呼吸に集中するワークのときに、みんなの輪から自ら出ていき、自分が落ち着けるちょうどよいスポットをさがす子どももいますし、その様子を見て「そっか、別にみんなと一緒にいなくてもいいね。私もそうする」と言って同じように離れる子、輪に入ったままの子もいます。欧米には、教室の片隅にマインドフルネスワーク用の小スペースが設けてある小学校もあり、そこでもやはり、自分だけで静かに呼吸に集中したい子どもは自発的に行って、座ります。小さなからだとこころでも日頃からこのロジックが体感できているからこそ、自分の内側の状況（イライラ、ムカムカ、ザワザワ、ドキドキなど）に気づいたときに呼吸に集中すればよいと思い出し、実際に一人のときでも自ら呼吸を使って気持ちを整えられるのです。

筆者が主宰する定期クラスの様子

　呼吸に親しむ作業はこのように、内面への気づきや、自分を知ることをもたらすため深い意味を持ちます。そのため、この「パート２　実践編」のうち、基礎的ですが特に重要なのがこのワーク１です。学級あるいは家庭でできるちょっとしたワークを通じ、まずは自分自身の呼吸に集中するという新しい作業に慣れ親しんでいきます。

ワーク1では、まず「気持ち（感情・情動）」の存在を知り、それが一定ではなく移り変わるものであることを理解します。そして呼吸の1めぐり（吸う、吐く）だけに集中することから、数分間にわたり意識を集中し、その間自分の耳が、鼻が、何を感じ取っているのか客観的に観察するワークに展開していきます。1つ1つ順を追ってすべてやっていただく必要はありませんが、「気持ち」が存在することを理解し、呼吸に意識を集中してリラックスした気持ちになることを

ワーク1-3で作る「気持ちメーター」

体感できるよう、1-1、1-2、1-4、1-6の各ワークを特におすすめします。また、ワーク1-3で「気持ちメーター」を作り、実際にメーターのどの辺りにいまの気持ちが該当するのかを感じ取り、指で差しながら認識することは、「メタ認知力」（少し上の目線から自分を客観視する力、14頁）を伸ばす上で効果的なプロセスです。ぜひ思いおもいにデコレーションしたメーターを、実際に使ってみましょう。

その際、ワークの前後で子どもたちのメーターの数値に変化がなさそうでも、ご自身のリードが力不足だったのだとガッカリなさらないでくださいね。呼吸のワークを通じて気持ちの穏やかさを得るという最終地点ももちろん大切ですが、実はそれよりもっと**大切なのは、「いまの自分の気持ちはこのあたりかな」と自分で内面に問いかけをして感覚的に認識するプロセス自体**だからです。

自己認識の機会を持つことを目標に、だいたいで構いませんので、メーター上でワーク前後に自分で指さしできることをめざしていきましょう。メーターを使わない場合は、言葉で表現する、あるいは数字（ザワザワ、バタバタ、イライラした気持ちを5→ゆったり穏やかで安らいだ気持ちを1）で表すことも可能です。ご家族単位など、少人数で練習される場合には、子ども本人の好みや使いやすさを見て、適した表現（メーターを使うのか、言葉か、数字で表すのか）を用いていきましょう。このメーターは、作る作業はワーク1に含まれますが、ワーク2以降も様々な練習シーンで使っていくことができます。

ワーク2の概要　呼吸とからだに親しみながら、自分を知る（66〜91頁）

ワーク2では子どもたちの好奇心を刺激しながら、体と視覚、聴覚、嗅覚、触覚といった自身の感覚をフルに使っていきます（味覚は、ワーク3で実践します）。

大人だけでなく子どもにとっても忙しい現代社会ですから、歩くこと、音を聴くこと、香りを嗅ぐこと、指で／手で何かに触れることは、基本的に「〜しながら」「なんとなく」で済ませていると思います。マルチでこなす作業は身が入りにくく、実はストレスが高まります。

ここでご紹介するワークは、「〜ながら」の時間に生きることから自分自身を取り戻し、リラックスしながら、1つのことだけに集中することを目指しています。自分が何をしているのか、なぜしているのか、それをしてどんな感覚なのか、といったことに目を向けていきましょう。いままでの「ながら」作業に意識というスポットライトを当てたときに、新鮮な感覚が得られると思います。

ワークはすべて、子どもたちだけでなく、大人たちも一緒に（もしくは大人だけでも）楽しみながら練習することができます。聴覚や嗅覚を駆使したワークが登場しますが、ここで大切なのは聴力や嗅ぎ当てる力そのものではなく、これらの感覚に注意を向けることで自分の気持ちや、気分が切り替わることに「気づいていく」ということです。**自分自身への気づきを通して、EQ アップのための基礎力である自己認識力を上げる**ことをめざしています。クイズや身体検査をしているわけではありませんので、<u>正しく当てられないとダメなのではない</u>点を、ぜひ各ワークで子どもたちにご説明ください。

　自分の体は、「なんとなく」や「どうでも良いもの」ではなく、特別なものです。そして**感覚は一人ひとり独自のもので、正解・不正解の世界ではありません。**自分のこころや体で感じることに触れる時間を、子どもたちとぜひ積極的に持っていただき、内面に注意を払う力を高めていけるよう導いていただきたいと願っています。

ワーク 3 の概要　「つながり」と「すでに有ること」から、安心と感謝を（92〜99頁）

　生きていれば、大の大人でも不安になることがあります（詳しい背景は、2 頁「VUCA ワールド」を参照）。子どもたちの世界にだって、将来のこと、家族のこと、友達との関係、学校の勉強や受験のことなど、不安な気持ちや落ち着かない気分にさせる出来事は日常的に多々あります。これらはストレスを高める要素ですので、放っておくとある日「これ以上頑張れない！」と燃え尽きてしまうリスクがあります。

　このワーク 3 では、EQ の主要領域の 1 つである**「モチベーション」**をテーマに、不安やストレスに打ちのめされないよう日頃からできる練習例を挙げました。ポイントは、「つながりと、すでにあることを意識し、安心感を得ること」です。パート 1 「4．辛い出来事・気持ちからの回復力「レジリエンス」」でご紹介した、米国の神経心理学者リック・ハンソン博士が提唱する回復力を得るための大切な要素「安心感」「充足感」「つながり感」を体感することを意図しています。数はそれほど入れていませんが、じっくりと内面を深めるワークをご紹介しています。

　始めは、食べるときのワークから。これは、南フランスの地でマインドフルネスを日常で実践する禅の僧院、プラムヴィレッジに筆者が 3 週間にわたり訪れた際、僧侶の方々から教えていただいた方法です。「ながら」食べや「早く、早く」と急いだ食べ方では、気もそぞろになってしまうのは無理もない話です。急がないで目の前の食べものをじっくり味わいながら、ここまでやってきた道のりに思いを馳せます。そうして、自分と食べものが 1 つの道につながったとき、自然（宇宙）に守っていただいているという感慨や、感謝や安心感が生まれます。筆者の定期クラスにはこのワークを機に食べず嫌いが直ってしまった生徒さんもいます。ゆっくり食べる時間や味わいの豊かさ、深さ（同じ食べものでも格段に美味しくなります！）に触れたとき、眠っていた自分の感性に触れる機会となることでしょう。

　続いてご紹介するのは、「無いもの・無いこと」に行きがちなこころの目を、「ちゃんと有る」に向けるワークです。すでに多くのものが手に入っていて、まわりの応援も得られていることを自覚することは、自信や自己肯定感、安心感、リラクゼーションにつながります。

　そして、最後は同級生や家族と背中を貸しあいっこしてのお背中トーク。物理的な温もりに助け

られながら、出来事ではなく、「気持ち」を打ち明ける時間です。このワークを通じて、ちょっとした動作で気持ちが安心する・落ち着く・変わることに気づくとともに、「クラスメイトという一人のひと」の存在のありがたさや、つながりも実感できたら花マルです！

先述の岡山県倉敷市で行った「お背中トーク」の様子。

ワーク4の概要　いつだって、ありのままの自分を応援する（100〜127頁）

　長い人生の中で、「落ち込み期」「困難期」はいつやってくるか予測がつかず、避けようのないものです。ワーク3につづき、このワーク4でもレジリエンス（回復力）をテーマとしますが、なかでも回復力をもたらすのに有効とされる**「セルフ・コンパッション（自分自身への慈愛、優しさ、思いやり）」**に焦点を当てています。

　セルフ・コンパッションは、米国の教育心理学者であるクリスティン・ネフ教授が提唱した概念で、自尊心（「自分はいつだって正しい、悪くない」）」や自己効力感（「やればできる！」）とは異なります。ぐいぐいと常に強気・ポジティブであろうとする代わりに、自分の人生には他の人と同じように、ネガティブなことも起こるものだと受け容れ、（ネガティブな気持ち・状況にある）自分をありのままに優しく思いやっていきます。だからこそ困難時に効力を発揮し、自尊心を育むよりも（もちろん、何もしないことよりも）、自分を成長・向上させたいというモチベーションがアップすることが研究の結果[1]として示されています。物事に失敗したり、辛い状況に見舞われたとき、「完璧な人なんて誰もいない。長い人生、こんなこともある」や、「今後への学びを得た」と考えることは甘えや言い訳では決してなく、むしろそういう考え方は気持ちを楽にし、辛い状況から早く抜けだす助けとなるのです。

　ここでは、自身の素晴らしいところを口に出す、身近な応援団を想像する、励ましの文章を書く、太陽から力をもらう、アートに触れるなどの様々な方法を通じて、このセルフ・コンパッションの考え方を理解し、自分を慈しみ励ますことで気持ちが楽に前向きになったり、こころが温かくなったりすることを体感し学んでいきます。

　困難な状況にあるとき、すでに辛くてこころをすり減らしているのに、加えて「なんて情けない、恥ずかしい」「こんな目にあうのは自分が悪いからだ」と自分を批判したら、その辛さは倍増してしまいますね。「わたしはまだまだダメ人間だ」というメッセージを自分に送るか、「わたしはわたしが大好きで大切。だからちゃんと応援していく」というメッセージを送るか。どちらが自らを伸ばしていくか、言うまでもないですよね。

　すべての子どもたちに、上手くいっているときも、そうでないときも、自分のありのままを大切に感じ、自身を応援しながらこころも体も健やかに成長させていってほしいと願っています。

ワーク5の概要　ひとと違う、ひとと同じ、どちらも大切！（128～135頁）

　ここまでのワークでは自分の気持ちに気づいたり（自己認識）、自分で自分を安心させたり応援したり（モチベーション／回復力）と、自身との向き合い方に焦点を当ててきましたが、ワーク5からは対人関係について学んでいきます。ここでの内容は、EQ領域の**「共感」**と**「ソーシャルスキル」**に関わります。

　いまの子どもを取り巻く環境は、都市部を中心に高層マンションなどの集合住宅住まい、兄弟が少ない（あるいは一人っ子）、受験勉強をしている、ゲームが趣味など、親との垂直方向の関係のほうが強くなる向きがあり、近所の様々な家庭環境や年齢の子どもたちと水平方向でのびのびと付き合うことが希薄な傾向にあるのではないでしょうか。

　加えて、共稼ぎやシングルペアレントの家庭では特に、大人と一緒に過ごす物理的な時間が少なくなるため、子どもが自分以外の誰かに共感したり違うことの良さを感じたりといった実践の機会がどうしても少なくなります。

　ひととの関係性（対人関係）は誰にとっても、生きる上で切っては切り離せないものです。そして色々な要素が絡み、複雑でデリケートなものでもあります。先生や保護者の方々も、心地よい自身のスペースを保ったり、それを誰かから主張されたり、共感を持ったり持たれたりと、まるでゴムひものように自在に伸び縮みするまわりとのこころの距離感に、日々一喜一憂されているのではないでしょうか。

　しかしながら、他者はそもそも自分とは違います。常に他者に同調したり、相手からの無理強いを（友情を失うのが怖いという理由で）呑んだり、空気を読まないといけない（KYになってはいけない）という理由で自分を押し殺す必要はありません。**自分を大切にすること、他者の個性や希望を認め尊重すること、そしてこころを通い合わせることは並立できる**のです。そのあたりを「共感」「違いを尊重」「善意」をキーワードに学んでいきます。

　5－1は共感をテーマに掲げ、なぜ自分は誰かの様子からそのひとの気持ちまでわかるのかを知り、共感がなぜ良いものなのか（うれしい出来事や悲しいときにどう役立つのか）を理解していきます。そして、自分の行動や気持ちの経験を増やす（自己認識を育てる）ことで、共感の力はアップすることを学びます。

　5－2のワークでは、自分とひととは「そもそも違うのだ」ということを実感していきます。共感は他者とのコミュニケーションで肝となりますが、子どもには共感と、「ただ同調すること」や「無理して他者に合わせ、気を遣うこと」との違いがわかりにくいものです。クラスメイトと自分との違いを尊重した上で、互いに共通することや、共通する気持ちを確かめ合っていくワークをし、友との仲には共通点と相違点の両方があるのが自然な姿であることを学びます。そして、それぞれの違いを認めつつ、共通する点を認識すると双方の気持ちが上向くことを体感していきます。

　また、他者は自分とは違う存在だからこそ、違う思いや希望を持っています。5－3では一緒に1つのアート作品を作りながら、同級生の思いや希望を尊重する練習を行います。5－4では「善意」について学びます。同級生の作品がさらによくなるよう自分の善意を寄せる練習をするとともに、みんなの手を経たアート作品から、たとえ自分の当初の想定と違っていたとしても、みんなの善意を受け取れると気持ちがポジティブになることを体感していきます。

ワーク6の概要　ネガティブな気持ちを乗りこなす（136～143頁）

　日々を穏やかに過ごしたいと頭では願っていても、誰かとの関係の中で、あるいは物事が思いどおりに進まないとき、突発的に「イラッ」「ムカムカ」は起こるものです。脳の中で「扁桃体ハイジャック」（詳細は13頁）が一旦発動すると、それが収まって再び理性を取り戻すまでには時間がかかる上に、ノルアドレナリンなどのストレスホルモンが分泌され、体へのダメージも起こります。扁桃体ハイジャックが起きているとき、「イライラしちゃダメ」「怒るのは自分が悪い」というネガティブなメッセージを自身に送って無理に押さえつけようとすると、余計にストレスが高まったり疲弊したりします。

　ここではネガティブな気持ちが起こるときに、それも感情の1つとしてただ受け容れ、深呼吸や想像力といった「ツール」を使って、穏やかさが保たれるよう管理できることを学んでいきます。これはEQの世界での**「自己調整」**に通じ、本来であればEQ領域の「自己認識」（この本ではワーク1と2が対象）の次の第2ステージにあたるのですが、この本ではあえて、回復力（ワーク3と4）および共感や他者との相違（ワーク5）を学んだのちに入れています。そのほうが、自分のこともひとのことも思いどおりにいかないときがあると前提づけられるためです。このテーマの優先順位が高ければ、もちろんワーク1、2の後すぐに練習していただいて大丈夫です。

　感情の調整に向けて、具体的には、誰かの言動から怒りがもたらされたときにその背景を想像するためのディスカッション（6－1）、イライラする自身の状況を俯瞰・客観視し（「メタ認知」）、優しさを持って怒りを鎮めるワーク（6－2）、シャボン玉の中に封じ込め、笑顔とともに飛ばしてしまうビジュアライゼーション・ワーク（6－3）、相手が自分と仲良しか否かに関わらず自分からはポジティブなメッセージをこころの中で送るワーク（6－4）をご紹介しています。

　なお、ワーク1－3で作った「気持ちメーター」も、怒り心頭で感情的になっているときに自身を視覚的にメタ認知するのに有効です。また、具体的なワークとしてはご紹介していませんが、気持ち（モヤモヤした強い不快感）に「言葉でラベル付けしてみる」（「いまの気持ちを言葉で表すなら○○かなぁ」と考えてみる）こともメタ認知力を上げ、理性をスイッチONにし、強い感情による扁桃体ハイジャックを鎮めるのに有効とされています。

　共通して目指す学びは、**「自分の気持ちは自分で調整できるものだ」**と知ることです。そこに気づけると、怒りの炎がただ燃え盛るのに任せたり、ネガティブな気持ちの波に呑まれてしまったりする代わりに、（そういった気持ちの波がやって来ても）サーフボードで乗りこなすことができるチャンスが生まれます。筆者が主宰する親子向けマインドフルネスクラスの生徒さんの中には、親子喧嘩が勃発しそうなときに荒ぶる気持ちに気づき、母と子の双方で「これ以上言い合ったらダメ、ちょっと深呼吸しよう」と協力し、感情を自分たちで調整しようとする親子さんもいます。

　ちょっとしたことでイライラしたりキレて激昂する子どもは、大人から見たら扱いにくく、面倒な対象になってしまうこともあるでしょう。でも、気持ちは調整できるということを知らないまま、内面で燃え盛るイライラ・ムカムカと付き合う子どもたち自身が、実は大変な思いをしています。大人だって、怒りや憤りはコントロールが難しい強い感情。ぜひ教室では先生が、家庭では保護者が子どもたちとご一緒に、感情を調整する具体的なアプローチを体感してみてください。一度でマスターできるものではありませんので、反復練習をおすすめします。

ワーク7の概要　感謝のタネに気づくというライフスキル（144〜149頁）

　「ありがとうと言いましょう」というのは、行儀を教えるシーンで大人から子どもに日々伝えられています。何かをしてもらったときにきちんと自発的にお礼を言えるように、マナーを身につけるための教えですね。

　ここでは少し違うアプローチで、感謝に焦点を当てています。感謝の気持ちは、ポジティブさや、現状への充足感・自己肯定感に直結しています。また、人のこころの健やかさについての学問「幸福学」において、日本人1,500名を対象とした研究の結果、「ありがとうと感じられる」ことは日本人の幸せの四大因子の1つに数えられることがわかっています[2]。

　大切なことは、**無意識に通り過ぎてきた「感謝のタネ」にきちんと気づいていけると自身の幸福感が上がり、よりポジティブな毎日が過ごせる**のだと知っておくことです。これは、無理にでも感謝をしながら自分の気持ちをいわゆる「アゲて」いこうということとは異なります。頑張るのではなく、自身の周囲に散りばめられてきた「感謝のタネ」に自然に出合っていく作業です。

　この作業を体感するための具体的なワーク例として、工作を通じて感謝を見える化させながらクラス全員分をつないでいく「感謝のくさり」（7−1）、感謝する点を毎日見つけ習慣的に記していく「3つの感謝」（7−2）、そして感謝の気持ちとボディワークを結びつけた「感謝de一歩一歩」（7−3）をご紹介しています。

　ワークを通じて、いま既に誰かから届けられている優しさや愛情にきちんと目を向けて自分の中で受けとめると、幸福感がアップするということに気づいていきましょう。そして、受けるだけでなく、誰かに贈る感謝の気持ちもひとを幸福にさせ、対人関係を良好にしてくれます。また、自分の世界に「もっともっと」（もっと頑張らなければ、もっと良いものを得なければ）のフィルターをかけると、何か急かされているような焦燥感や、競争心や闘争心が生まれますが、「すでに十分、ありがたいなぁ」のフィルターを通すと、全く違う景色が見えてきます。

　この感謝のタネに気づくというのは、終わることのない幸せワークです。一旦見つかり始めたら、さらに新しい「ありがとう」ポイントが見つかっていき、どんどん楽しくて幸せな気持ちになっていきます。そして、一人が幸せを増すと、そのポジティブで満ち足りたあり方で、周囲にも幸せを分けてあげられます。ハーバード医科大学とカリフォルニア州立大学サンディエゴ校が20年間にわたり行った研究[3]でも、**幸せはまわりに伝播する**ことが明らかになっています。このワーク7はちょっとしたことのように感じますが、実は深い意味を持っています。

ワーク8の概要　他人ごとを、自分ごとに（150〜169頁）

　ここでは、ワーク1〜7で学んだ内容の総集編として、<u>自分発で</u>、誰かのことを助けたい、誰かの役に立ちたい、世の中の「より良い」のために思いを行動で表したい（体現・貢献したい）という意欲を子どもたちが持てるよう背中を押すことをめざしています。「他人のことは、自分には関係ない」という考え方の代わりに**「他人のことも自分ごととして捉える」**という意識を育み、コンパッションや利他の精神に触れながら人間力の底上げを促すことを意図しています。コンパッションや利他の精神は、EQの領域で人間関係構築の肝となる、**「共感」**や**「ソーシャルスキル」**に関

連します。

　子どもたちにとって、上に挙げたような意欲を伸ばしていく際の見えない壁となりがちなのが、「相手から感謝されたり必要とされたりしないのではないか」「自分にできることなんて、たかが知れている」という自信のなさや自己肯定感の低さ、そして「別に……（他のひとなんて関係ない、自分の得にならない）」という関心のなさではないでしょうか。

　各ワーク例のうち、ワーク 8 - 1、8 - 4、8 - 5、8 - 7 などは、想像力を使ったエネルギーワークのようで、あまり実利的ではないように感じられるかもしれません。しかし、実生活での経験値が足りない状況であれば、たとえ疑似体験であっても（誰かの役に立つシーンを想像して）ポジティブな感覚をくれる、自己の肯定につながる、優しく温かい気持ちになる、などの気づきを得られるなら有益と言えるでしょう。

　一方、ワーク 8 - 2、8 - 3、8 - 6、8 - 8 ～ 8 -10では実際に体を動かして、「誰かのために」を行動で表すワーク例となっています。なかでも 8 - 6、8 -10はサプライズで同級生を喜ばせる要素を含み、ゲーム感覚でワクワクしながら楽しむことができるでしょう。自らの良心を持ち寄りながらサプライズ大作戦に取り組むことで、親切を同級生にしてあげるときの気持ちや、同級生が驚いて喜ぶ姿を見るときの気持ちをきちんと自分自身で認識していきます。8 - 8 ～ 8 -10は日本の良さである「みんなへの思いやり」を意識した内容です。コミュニティの一員として、見知らぬ誰かの存在にも目を配り、自分発で思いやりを届けられるようめざしていきます。

＊1　Juliana G.Breines and Serena Chen "Self-Compassion Increases Self-Improvement Motivation," Personality and Social Psychology Bulletin, May 2012, p8.

＊2　前野隆司『幸せのメカニズム』講談社現代新書, 2013年。

＊3　Fowler, James H. and Nicholas A. Christakis "Dynamic spread of happiness in a large social network: longitudinal analysis over 20 years in the Framingham Heart Study," British Medical Journal 337, no. a2338 (2008), 1 -9.

クラスのための週間カレンダー（イメージ）

　マインドフルネス・EQのエッセンスを普段の学級シーンに取り入れるイメージをつかんでいただけるよう、1週間の中にふんだんに取り入れています。あくまでもイメージを俯瞰するためのもの、ととらえてください。あれもこれも入れなければ！　と心配するのはストレスの元になってしまいます！

　実際には、午前と午後の最初の簡単呼吸ワークや、1週間の締めくくりリワーク以外は、その都度の授業の進捗や子どもたちのモード（落ち着きがない、苛立っている、不安そう、十分に落ち着けている、など）に応じて自在に組まれることをおすすめします。子どもたちが落ち着きがない様子なら、体育の授業でエネルギーを発散した後、ワークをすると集中しやすくなります。子どもたちからもフィードバックや希望を聞きながら、クラスにとって無理のない、楽しくて心地よいひとときを設けてみられてはいかがでしょうか。

あくまでも、「イメージ」です！

時限	月	火	水	木	金
1	〜1日の始め（もしくは午前中早め）に、短時間の簡単な呼吸ワークを入れる〜				
2	【図画工作：1-3】気持ちメーター作り				
3			【ホームルーム】じっくり集中型、イメージワーク	【体育：2-8】Walk-Stop-Wiggle-Sit	
4		【音楽：2-6】冒頭で音しっぽつかみ			
給食			【3-1】全身全霊で食べる		
5	〜午後のスタートに、簡単な短時間の呼吸ワークで集中&リフレッシュ〜				
6			【体育：4-1】自分にありがとう大好きだよ		【4-6】頑張った自分ノートや、【4-5】自分応援レター作りなどで振り返り&自分を労い気持ちをポジティブに
終わりの会			【7-2】3つの感謝		

色分けの意味　■：このタイミングでこういったワークを入れるのが特におすすめ！
　　　　　　　■：オプショナル（子どもたちの調子や、授業の進捗次第でご自由に）

　厳密なルールは一切ありませんので、先生のご判断で色々と試しつつ、よいリズムを作られることをおすすめします。以下のポイントはあくまでも目安です。少し意識していただくことでより楽に、効果的に取り入れていただけるはずです。

ここがポイント！　授業内容編

体育	屋外や体育館などの「スペース」を使うワークがおすすめ！（ワーク1、2や、寝転んで4-1、4-13、7-3、8-3、8-9、校内の階段で8-8など）
ホームルーム／学活	講義形式やじっくり集中型のワークは、小さなスペースで普段の「ベース」となっている部屋で行うのがおすすめ！（1-1〜1-3、2-9、2-10、5-1やイメージワーク全般）
工作	気持ちメーター作り（1-3）や、アートワーク（5-3、5-5、7-1、8-2）
音楽	音に関係するワーク（2-5、2-6）　特に音のしっぽつかみは短時間でできるので授業の始めの集中&リラックスにおすすめ！　防音ルームがある学校であれば、防音環境の中で集中しながらワーク1の呼吸に親しむワークをすることもできます。

ここがポイント！　タイミング編

1時限め / 午前中早め	3分ほどでできる呼吸の簡単なワークを毎日取り入れて、マインドフルな時間を定着させる、1日の流れをリラックス＆集中モードでスタートする意図。
午後早め	3分ほどでできる呼吸の簡単なワークを毎日取り入れてマインドフルな時間を定着させる。給食後はお腹がいっぱいで頭ぼんやり、体はズッシリになりがち。シャキッとリフレッシュする意図。
水曜日（週のナカビ）や 金曜日の夕方	1週間がんばったことを認識し、自分を労いポジティブさを持てるようなワーク（4-1、4-5、4-6、7-2など）
給食タイム	食事と一緒にできるワーク（3-1、3-2、8-10）

1日のタイムテーブル（例）　大人（先生と保護者）編

　ここでは、1日の流れの中で取り入れられそうなことを一例としてご紹介しています。ご自身のために、自分だけのひとときを作っていただくイメージでご紹介していますが、ファミリーで一緒にワークをしても温かい時間が届けられるはずです。

　すべてこなす必要は全くなく、タイミングの「縛り」（このタイミングでないといけない）もありません。でも、特に先生やお仕事をされている保護者の方々にとっては、日中から晩にかけての就労タイムが一番ストレス指数が高いのではないでしょうか。大きなストレスや怒り、不安の波に呑み込まれてしまいそうなときはこの本を思い出して、意識的にワークを取り入れてみてください。

　大切なのは、ワークに集中して（「ながら」で適当にやっても意味がありません）、その時のご自身の内に湧き上がってくること（気持ち、感覚、願い、不安感など）にただ、ありのままに気づいていくことです。気持ちをリラックスさせたり上向けたりしながら、メタ認知力も培っていきましょう！

　ライフスタイルに合わせて、ご自分にとって「ちょうどよい」をルーティンとして取り入れ、反復練習されることをおすすめします。

あくまでも、「イメージ」です！

起床後、お仕事に出発するまで	意図
呼吸に集中するワーク（1-9を3分〜） 朝食タイム：食べる作業に100％集中してリラックス＆集中（3-1）	爽やかに目を覚ます 忙しい1日の前に、穏やかな気持ちに整え、明晰なビジョンを手に入れる
お仕事中 / 休憩時間中（校内、社内で）	**意図**
簡単な呼吸ワーク（1-4、1-6、1-10）、しないことをするワーク（1-11）などで、気持ちをリフレッシュ イラッな出来事があったらムカムカ子犬を手なづけるワーク（6-2）、ピンクのシャボン玉ワーク（6-3）で感情を調整 手放す一息（4-8）、外で太陽とハートを結ぶワーク（4-13）で前向きな気持ちに 通り過ぎる子どもたちや同僚に温かいエールを送ってみる（6-3）	はりつめた気持ちやストレスに対処。リラックス感、リフレッシュ感、ポジティブさを手に入れる
ご帰宅後の過ごし方	**意図**
ワーク4全般で今日を労い、自己肯定感をアップ 3つの感謝（7-2）で幸福感をアップ、気持ちをポジティブに	明日を楽しみに感じられるよう今日のご自分を労い、充足感や自己肯定感、幸福感をアップ
就寝前	**意図**
ありがとう、大好きだよ（4-1）でお布団の中でリラックス、導眠が楽チンに　呼吸に集中するワーク（1-9）	こころと体をゆるめて、導眠をスムーズに

ワーク 1-1 | 気持ちってなんだろう

●ねらい・効果	「気持ち」の存在を理解し、自身の気持ちに気づいていく
●所要時間	20分
●準備するもの	写真やイラストカード（ネット上の著作権フリーサイト等から入手する）

▼ ワークの簡単な説明

　子どもたちが「気持ち」について理解するよう促すワークです。子どもには、（口頭だけで説明して想像させるよりも）ビジュアルで見せるほうが理解が進みますので、カードを使うのが効果的です。感情移入や共感をしやすいよう、生きものの写真を使うのがおすすめです（犬である必要はありません。子どもの写真も良いでしょう）。

▼ ワークの流れ

①子どもたちは、椅子に座ってリラックス

②始めはカードを裏にしておき、1枚ずつめくって見せる

幸せ、喜び　　　　　怒り　　　　　　　悲しい　　　　　　楽しい

③それぞれのカードを見ながら、それに対応する「気持ち」を自由に発言する

 「このわんこは、いま、どんな気持ちかな？」

 「うれしい」

 「悲しい」

 「他にはどう？」

（問いかけにより、「悔しがっている」「怯えているのではないか」など、想像が広がっていく）

④気持ちはずっと同じではないことを学ぶ。どうしたら、怒りや悲しみを和らげられそうか、
　みんなで考える

 「（犬のカードを指し、）このわんこは、生まれつき怒りっぽいの？　一生ずっと怒ったまま？」「こっちは？　ずっと悲しいままなのかな？」

 「そんなことない。いまは、怒っている／悲しんでいる」

 「どうして、怒っているんだと思う？」「何が悲しいんだろうね？」「他には？」

（子どもたちから「変な人が玄関に来た」「食べたい物をおあずけ」「一人でお留守番」など
答えを引き出す）

 「そうだね。どうしたら、怒っているのが落ち着くんだろうね？」「どうしたら、悲しい気持ちが楽になるかな？」

（子どもたちは「気持ち」について想像する）

⑤いまの気持ちがどれに近いか、ちょっとチェックしてみる

 「気持ちって、そのとき、そのときで違います」「いまの自分の気持ちは、このカードのどれに近いかな。チェックしてみよう。胸やお腹に手を当てるとわかりやすいかもしれないよ」「わざわざ口に出して言わなくて良いし、正解・不正解はありません。みんなの中の答えは、それぞれ違います。それぞれ違って、みんなが正解ですよ」

★まとめと、ふりかえり

・（わんこの豊かな表情＝豊かな感情表現）人にもたくさんの違う気持ちがあることがわかったかな？
・気持ちはいつも同じではないことに気づけたかな？
・自分のいまの気持ちは自分にしかわからないし、正解・不正解はないということが学べたかな？
・怒っているとき、悲しいときに、どんなことをしたら（してあげたら）その気持ちが楽になるかを考えられたかな？　普段も、そんな風に考えようね。

ワーク 1-2 / いまの気持ちは？（お天気カード編）

●ねらい・効果	自身の気持ちに気づいていく
●適したタイミング	朝１時限目の冒頭、午後の授業のはじめなど
●所要時間	20分
●準備するもの	写真やイラストカード（ネット上の著作権フリーサイト等から入手する）

▼ ワークの簡単な説明

　カードを使うと視覚にアプローチでき、子どもたちの理解が進みます。天気のことは子どもたちはなじみがあり、視覚的にもシンプルなので、自分の気持ちと照らし合わすのが簡単にでき、おすすめです。子どもたちが「いまの気持ち」を知るとき、そこに正解・不正解は無いということを学びます。お天気カードは毎回見せなくても、何回か練習するうちに、「いまの気持ちをお天気に表すなら？」と問いかけるだけで、子どもたちは自分の気持ちが天気のどれに近いか気持ちチェックできるようになります。

▼ ワークの流れ

①子どもたちは、椅子に座ってリラックス

②始めはカードを裏にしておき、１枚ずつめくって見せる

| 晴れ | 曇り | 雨 | 雷 |

③それぞれのお天気カードを見ながら、対応する気持
　ちを自由に発言する

 「このお天気は、気持ちで表すならどんな気持ちかな？」

 「うれしい」「やさしい」

 「なんだかモヤモヤ」

④気持ちはずっと同じではないことを学ぶ

 「（カードを示しながら）毎日のお天気は1年365日、ずっと晴れのままですか？　ずっとどしゃ降りのまま？　いつも雷が落ちているの？」

（子どもたちから、「そんなことない」という返事が来たあとで、）

 「気持ちも一緒だよ。お天気のように、晴れの日のような気持ち（うれしいとき）もあれば、雨の日のような気持ち（悲しいとき）もあるよね」

⑤気持ちのチェック

 「いまの気持ちは、このカードのどれに近いかな」
「胸に手を当てると、チェックしやすいよ（よかったら試してみてね、のスタンス）」
「どんな気持ちか、発言して教えてくれなくても大丈夫ですよ」
「自分の中のこたえは、みんなそれぞれ違います。正解・不正解はありません。それぞれ違って、みんな正解なんだよ」

★まとめと、ふりかえり

・気持ちはいつも同じではないということがわかったかな？
・気持ちのチェックができたかな？　もしよくわからなかったとしても続けていこうね。
・みんなそれぞれ気持ちが違うということと、みんなが正解だということがわかったかな？

ワーク 1-3 : いまの気持ちは？（気持ちメーター編）

●ねらい・効果	気持ちメーターを使いながら、自身の気持ちに気づき、客観的に捉える
●適したタイミング	朝1時限目の冒頭、午後の授業のはじめなど
●所要時間	3分程度（気持ちメーターを作る初回は、プラス25分程度）
●準備するもの	気持ちメーター（初回は、色鉛筆やクレヨンなど画材も）
●付録	ワークシート「気持ちメーターのサンプル」（170頁）

▼ ワークの簡単な説明

　気持ちメーターを使いながら「いまの気持ち」に気づく練習をします。気持ちメーターは既製品よりも、自分で色塗りをして用意するほうがとっておきのツールになります。気持ちをメーターではかる作業で自己認識力が高まります。気持ちを知ることは（暗い・ネガティブなことではなく）楽しい作業なんだ！　ということを学びます。どんな気持ちも自然で、正解・不正解はない前提を踏まえながら、自分の気持ちを客観視してありのままに受け入れることを学びます。

▼ ワークの流れ

①子どもたちは色鉛筆やクレヨンを机に用意する

②（ワーク1、2を参考）気持ちについて、ふりかえる

・気持ちには、色々な種類がある。

・自分の気持ちを知ることは、みんなのこころの成長にとても大切。

「気持ちを知るための道具として、今日はみんなで気持ちメーターを作っていこうね」

③付録のプリントを配布。塗りかたと、タテヨコ
　軸の意味を解説

・タテ：パワーのつよさ・よわさ

・ヨコ：うれしい・うれしくない

・右上から時計回り：楽しい・ワクワク
　　　　　　　　　　ゆったり・優しい

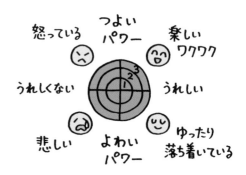

※気持ちの強さ：1＜2＜3

50

悲しい

怒っている・ムカムカ

・それぞれ外側にいくほど強くなる

・円を４分割して、それぞれの気持ちにピッタリな色を
　塗る

・外にいくほど濃いグラデーションにするのもいい

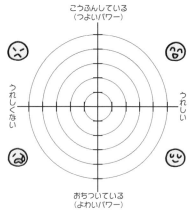

こうふんしている
（つよいパワー）

うれしくない

うれしい

おちついている
（よわいパワー）

【ポイント】「年輪」のそれぞれのブロック（４分割５行＝
　　　　　　20あります）にぴったりな気持ちの表現（例え
　　　　　　ば：「ムカムカ」「モヤモヤ」「最高ー！」「ガッ　※付録の気持ちメーターのサンプル
　　　　　　カリ」など）をディスカッションして黒板に掲示していくのも Good！

子どもたちはぴったりだと思う色で塗りわける。

④名前を書いたら自分だけのメーターが完成！早速使ってみよう！

　「みんなで深呼吸をゆっくりと１回しようね（深呼吸のため少し時間を空ける）。い
　　　　　　まの気持ちは、気持ちメーターのどこらへんかな？　ちょうどぴったりなところを
　　　　　　指でさします。どんなところを選んでも自然なことで、正解・不正解はありません」

【ポイント】・④のあとは、「ときどき、こんな風に気持ちメーターを使いながら気持ちを
　　　　　　　　チェックしていこうね。ではメーターはしまって、今日の学活をやります！」
　　　　　　　　といった風に切り替えると、残りの学習時間への流れが自然になります。気持
　　　　　　　　ちメーターは何度も使っていくので学校に置いておくよう指示しても良いかも
　　　　　　　　しれません。

　　　　　　　・付録の気持ちメーターはサンプルです。方眼（マスの入ったもの）や、自動車
　　　　　　　　のメーターのような半円のものでもできます。インターネットで「気持ちメー
　　　　　　　　ター」「Mood Meter」などと検索すると他のデザインもチェックできます！

★まとめと、ふりかえり

・自分だけの気持ちメーターが作れたかな？

・気持ちには大きく４つのグループがあって、こんな風にメーターではかれるん
　だってわかったかな？

・どんな気持ちでも自然なことだってわかったかな？

・なんとなくでも、自分の気持ちをメーターではかれたかな？

マインドフルネス／自己認識

モチベーション

共感

自己調整

他者への思いやり

ワーク 1-4 ホッと「一息」

●ねらい・効果	呼吸だけに集中することにトライし、慣れていく
●適したタイミング	午前・午後にかかわらず、授業のはじめなど
●所要時間	1分程度

▼ ワークの簡単な説明

　以後のワークのためのウォーミングアップとして、たった1回の呼吸に意識を集中させる練習です。子どもたちの手ごたえが「なんとなくリラックス」、「なんとなくスッキリ」でも十分です。ほんの短い間でも頭で考えることをストップして、呼吸だけに集中することを目ざします。こころで掛け声をかけることは、気がそれるのを防ぐ効果があります。掛け声は、「（自分が）吸う＆吐く」よりも、息の出入りがイメージしやすく、シンプルで柔らかい語感の「（空気が）入ってくる＆出ていく」「IN & OUT」などがメタ認知しやすくておすすめです。

▼ ワークの流れ

①子どもたちは椅子か床にすわる。立ったままでも、寝っ転がってもOK！（34-35頁、「基本の姿勢について」を参照）

②目をつむって静かに深呼吸。ゆっくりと掛け声でリードする

「目をつむって、深呼吸をしようね。息を吸うとき、こころの中で静かに『入ってくる（IN）』と自分に号令をかけてあげよう。息を吐くときにはこころの中で静かに『出ていく（OUT）』と自分に号令をかけてあげようね」

③掛け声の内容を復唱し、今度は子どもたちが静かに自分だけで練習する

「入ってくる（IN）」「出ていく（OUT）」

★まとめと、ふりかえり

・やってみて、どんな風に感じたかな？
・「入ってくる（IN）」「出ていく（OUT）」どちらのほうが、気持ちが落ちつく感じがする？
・このワークは、どんなときに自分だけでできそうかな？

ワーク 1-5 ／ お花とろうそく

YouTube
（動画）

●ねらい・効果	指を使ったワークで、（先生や保護者のリードがなくても）自分で気持ちをリラックスさせられることを学ぶ
●適したタイミング	いつでも
●所要時間	5分弱（2回目以降は、説明を省けるので1、2分程度に）

▼ ワークの簡単な説明

　指を使って、気軽に楽しみながら呼吸に親しむワークです。一呼吸の短い時間でも、気持ちが変化することに気づいていきます。

▼ ワークの流れ

①子どもたちは椅子に腰かけるか、床にあぐら座などで座る。立ったままでも OK ！（34-35頁、「基本の姿勢について」を参照）

②人差し指を体の前に出す

　「人差し指を体の前に出してみてね」

③息を吸うときには爪を花にみたててゆっくりと深く吸い、吐くときには爪をバースデーケーキのろうそくの火にみたてて、おなかからフゥーと長く吐く。

　「息を吐くときに冷たい息が爪（ろうそくの火）に当たっているか、確認しながら吐こうね」

【ポイント】吐くときは、ろうそくの火を吹き消すイメージで口をすぼめる。

★ まとめと、ふりかえり

・ワークの後、気持ちはリラックスできたかな？（すぐにできなくても大丈夫です。反復練習を続けましょう）
・指を使ったワークだけで、気持ちが簡単に変わることがわかったかな？
・短い時間で、一人だけでもできるワークだね。
・どんな場面で、これを使えそう？

マインドフルネス／自己認識

モチベーション

共感

自己調整

他者への思いやり

ワーク 1-6 3つのリラックス

●ねらい・効果	基本の座りかたを覚える、呼吸だけに集中することに慣れていく
●適したタイミング	午前・午後にかかわらず、授業のはじめなど
●所要時間	5分程度

▼ ワークの簡単な説明

　「呼吸」に集中する感覚をつかむためのウォーミングアップとして、ここでは3つの呼吸を使いながら練習します。子どもたちの手ごたえが「なんとなくリラックス」、「なんとなくスッキリ」でも十分です。頭で考えることをしばしストップして、呼吸だけに集中することを目ざします。

▼ ワークの流れ

①子どもたちは椅子か床にすわる。立ったままでも、横になってもOK！

②基本の座り方を確認する
「それでは、基本の座り方からやっていこうね」（34-35頁、「基本の姿勢について」を参照）
【立つ／横になる場合のポイント】
・目は、このワークでは開けておいても閉じてもどちらでもOK
・起立する場合は、両足は均等に立つ。手は体側に楽に沿わせておくか、片手を胸、片手をおなかに当てるのもGood！
・床に横になるスタイルでもOK。ただ床に大の字に寝そべるだけ。

③こころの中で自分に『いーち』と号令をかけ、深呼吸
　をする

 「深呼吸をしようね。こころの中で自分に『いーち』と号令をかけてね。息を吐くときに、頭がリラックスしていくよ」

（子どもたちがハァーと吐くタイミングで「1」と指を立て、「頭がリラックス」と言う）

④こころの中で自分に『にー』と号令をかけ、深呼吸をする

「こころの中で自分に『にー』と号令をかけようね。息を吐くときに、からだがリラックスしていくよ」

（子どもたちがハァーと吐くタイミングで、「2」と指を立て、「からだがリラックス」と言う）

⑤こころの中で自分に『さーん』と号令をかけ、深呼吸をする

「こころの中で自分に『さーん』と号令をかけようね。吐くときに、こころがリラックスしていくよ」

（子どもたちがハァーと吐くタイミングで、「3」と指を立て、「こころがリラックス」と言う）

⑥キーワードだけを言い、子どもたちは自分で号令をかけて深呼吸をする

「今度は指を出してキーワードだけを言うから、自分で号令をかけて、キーワードどおりにやってみようね」

・（無言で）「1」の指　→　子どもたちが息を吐くタイミングで、

「頭」

・（無言で）「2」の指　→　（上と同じタイミング）

「からだ」

・（無言で）「3」の指　→　（上と同じタイミング）

「こころ」

【ポイント】反復練習する中で、子どもたちの年齢やクラスの雰囲気など、様子をみて徐々に10くらいまで数を上げていくとさらにリラックス感が深まります！　その場合には、（キーワードの代わりに）「息を吐くたびに、リラックスしていくよ」とはじめに言い、無言＆指だけで「1」から「10」まで数でリードします。

★まとめと、ふりかえり

・（足を組んだり、猫背ではなく）ちゃんと座ることができたかな？
・数を数えながら呼吸をしてみて、リラックスできたかな？
・深呼吸の「吸う」「吐く」のどちらが、気持ちが落ちつくかな？
・（何もしないで）呼吸だけすれば良いって、どんな感じだった？
・このワークは、どんなときに自分だけでできそうかな？

ワーク 1-7 ｜ 手のひらを使う呼吸

●ねらい・効果	手のひらを使ったワークで、（先生や保護者のリードがなくて）自分一人のときでも、リラックスした気持ちになれることを学ぶ
●所要時間	10分程度（2回目以降は、説明を省けるので3分程度に）

▼ ワークの簡単な説明

　手のひらを使って、楽しみながら呼吸に親しむワークです。スタートのタイミングは一緒で、終わりはそれぞれ異なります。呼吸に真剣に取り組むとリラックスできること、そして人それぞれ呼吸の速さが違うことに、気づいていきます。

▼ ワークの流れ

①子どもたちは、基本の座り方をする（34-35頁、「基本の姿勢について」を参照）

【ポイント】（校内の場合）座り方は普段の教室のままでも良いですが、あとでシェアの時間があるため、（体育の後など）あぐら座で輪になったり、椅子を円に組んだりするのもおすすめです！

②気持ちメーターを使って、いまの気持ちチェック（ワーク1-3を参照）

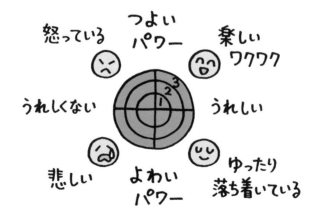

③デモンストレーションをしながら説明

「利き手ではないほうの手のひらを出してね。利き手の人差し指は、ペンだよ。親指のつけ根からスタートして、ペンの指で、手のひらの外側をゆっくりとなぞっていくよ。なぞるときに、下から上への方向では息を吸って、上から下への方向では息を吐いていこうね」

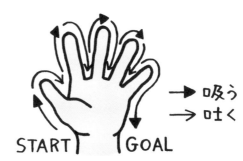

【ポイント】慣れて来たら「○○さん、今日のアシスタントお願い！」と言って、子どもから子どもに説明してもらうとさらに楽しい雰囲気が出ます！

④手のひらワークをやってみる

・スタートはみんな一緒に

「終わるタイミングは、それぞれ違うよ。あせったり、急いだりする必要はありません。無理にスローダウンする必要もないからね。1回1回、自分のスピードでゆっくり深呼吸をしていこうね」
「終わったら静かに手を挙げて、教えてね」

⑤気持ちメーターでいまの気持ちチェック

★まとめと、ふりかえり

・どんな風に気持ちが変化したかな？
・手を使うと、簡単に呼吸に集中してリラックスできることがわかったかな？
・皆が違うタイミングでゴールしていたのに気づいたかな？　呼吸の速さは普段は見えませんが一人ひとり違いますね。
・短い時間で、一人だけでもできるワークだね。
・どんな場面で、これを使えそう？

ワーク 1-8 ペンキ塗り

●ねらい・効果	手を使いながら、ペアで練習。まさに「あ・うん」の呼吸！ 相手の呼吸の速さを観察して自分がペースを合わせながらサポートしてあげる楽しさや、呼吸で気持ちを変えられることを学ぶ
●所要時間	15分程度（2回目以降は、説明を省けるので10分程度）
●準備するもの	気持ちメーター（作り方は、ワーク1-3を参照）

▼ ワークの簡単な説明

　手を使って、楽しい雰囲気で呼吸に親しむペアワークです。ペアの相手の呼吸のリズムに合わせて手を動かしてあげながら、クラスメイトの練習をサポートすることの楽しさや、呼吸に真剣に取り組むとリラックスできることに気づいていきます（ブラシはイメージするだけの"エア"ですので実際に準備していただく必要はありません）。もちろん親子のペアでもできます。

▼ ワークの流れ

①子どもたちはワークの前に、気持ちメーターでいまの気持ちをチェックする

②ペア（二人組）で向かい合って立つ（正座でもOK）

③一人がペンキ塗り担当、もう一人は呼吸に集中する担当になってワークを行う

・ペンキ塗り担当は、呼吸担当の呼吸のペースに合わせて、ブラシを上下に動かす。

・呼吸担当はペンキ塗り担当のペンキブラシ（手）をよく見て、手が上にいくときに吸って、下にいくときに吐く、を繰り返す。

・主人公は、呼吸担当のほう。ペンキ塗り担当は、呼吸担当の呼吸の速さをよく見て、それに合わせて手を動かしてあげます。

・速すぎると忙しいですし（リラックスできない）、ゆっくりすぎると呼吸担当は苦しくなってしまいます。

吸う　　　　　　　　　　吐く

④１分ほど経ったら、交代

⑤気持ちメーターでいまの気持ちをチェックする

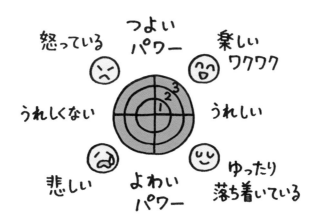

★まとめと、ふりかえり

・ワークの前後で、気持ちはどう変化したかな？
・一人でやるワークと、ペアのときと、感じは違う？
・手を使うと、簡単に呼吸に集中してリラックスできることがわかったかな？
・どんな場面で、これを使えそう？

ワーク 1-9 「ちゃんと」呼吸をする

●ねらい・効果	基本の座り方を覚える。呼吸だけに集中して注意力を上げる。呼吸を使えば気持ちがリラックスすることを知る
●適したタイミング	午前・午後にかかわらず、授業のはじめなど
●所要時間	10分程度
●準備するもの	気持ちメーター（作り方はワーク1-3を参照）、可能ならベルかトライアングル（34頁参照）

▼ ワークの簡単な説明

ワーク1-4「ホッと『一息』」の応用編です。10秒ほどじっくりと「呼吸」に集中してリラックス感・覚醒感が上がる感覚に気づいていきます。

▼ ワークの流れ

①子どもたちは自分の気持ちメーターを用意

②気持ちメーターを使って、いまの自分の気持ちを確認する

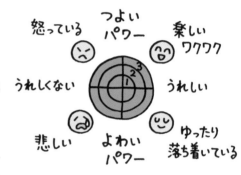

怒っている　つよいパワー　楽しいワクワク
うれしくない　うれしい
悲しい　よわいパワー　ゆったり落ち着いている

 「いまの気持ちチェックするよ。メーターのどのあたりが、いまの自分の気持ちに大体合っていそうか、指さし確認をしてみようね」

③指さし確認ができたら、子どもたちは基本の座り方をする（34-35頁参照）

たぶんこのへんかな

④深呼吸をする

「目を閉じるか、うす目にして少し前の床を見ます。まずは深呼吸を3回しようね。ゆっくり鼻から空気を入れて、口から出していこう」

⑤10秒ほど呼吸だけに集中する

（子どもたちの深呼吸が終わった頃を見図らって）

「それでは時間がきたら声をかける（ベルを鳴らす）のでそのまま10秒くらいの間、呼吸に集中します。ゆっくりと鼻から吸って鼻から出しながら IN と OUT を繰り返していこうね」

【ポイント】

・もし鼻が詰まっていたら（鼻を使うのが苦しければ）、口呼吸でも OK です。

・ワークの長さはどうぞ柔軟に！　慣れたら20秒や1分……と延ばすと反復練習の効果がさらに上がります。どれくらいの時間やるのかがわからないと不安に感じる子どももいるため、スタートする前にだいたいの長さを伝えておくのがおすすめです。

⑥時間が来たら、声やベル（チャイム）で知らせる。

「ゆっくりと目を開けて、そのまま2、3回呼吸をしていこう。」「（その後）それでは、気持ちメーターで気持ちチェックをしようね」

★まとめと、ふりかえり

・「ちゃんと」呼吸をしたあと、気持ちは変化したかな？（リラックスできたかな？）

・呼吸をしているあいだは、どんな気持ちだったかな？

・時間は10秒くらいでした。ふだんの10秒間と比べて長かった？　短かった？（挙手しても Good！）

・気持ちメーターを自分で使ってみられたかな？　どこを指し示せば良いか、大体わかったかな？

ワーク 1-10　目を閉じて観察

●ねらい・効果	自分の内と外で起きていることを観察する練習をして、メタ認知力を上げる
●所要時間	20分程度
●準備するもの	気持ちメーター（ワーク1-3で作成）、可能ならベルかトライアングル（34頁参照）
●付録	スクリプト（172頁）

▼ ワークの簡単な説明

　静かな空間でリラックスしながら、自分の気持ちを知ったり、教室やまどの外からの音に耳を傾けたり、鼻に入ってくるにおいに注意を向ける練習をします。こころの中や自分のまわりを目を閉じてゆっくり観察すると、注意力・気づく力が刺激されます。音やにおいに注意を向けている自分を意識することで、メタ認知力（詳細は14頁）のアップが期待されます。

▼ ワークの流れ

①子どもたちは、基本の座り方をする（34-35頁参照）

【ポイント】（校内の場合）座り方は、普段の教室のままでも良いですが、あとでシェアの時間があるため、（体育の後などで）あぐら座で輪になったり、椅子を円に組んだりするのもおすすめです！

②子どもたちはゆっくりと3回深呼吸。付録のスクリプトの内容を伝えていく

　「目を閉じて、ゆっくりと3回深呼吸をしていこうね」

【ポイント】スクリプトの内容を伝えながら、自身も（子どもたちの先頭をどんどん歩く代わりに）子どもたちと一緒に、同じ場所を手をつないで歩いているようなイメージで、ゆったりゆっくりと進めます。

③ゆっくりと目を開ける

「（声かけか、ベル）それでは、ゆっくりと目を開けましょう。2、3回そのまま静かに呼吸をしようね」

④どんなことに気づいたかシェアをする

▼ 参考：ワーク中の流れ（内面で何が起きているのか）

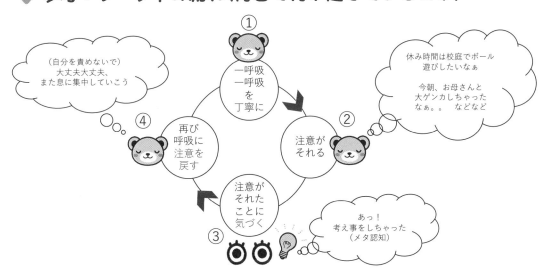

★まとめと、ふりかえり

・目を閉じて呼吸だけをする気分はどうだった？　「気持ちよさ」を感じられたかな？

・目を閉じているあいだ、まわりの世界ではどんなことが起きていた？　こころで観察できたかな？

・途中で気が散ってしまうのは自然なことで、段々減っていきます。気が散ったのに気がついて、呼吸に集中しようと思えたなら花マルだよ！

・初めのうちはできなくて当たり前です。反復練習を続けていこうね。

ワーク 1-11 ： しないことを、する

●ねらい・効果	「呼吸以外、何もしない」ことに集中して、注意力を上げる。「していること」をすべてストップして、空白の時間を感じとる＝普段は何かを "わざわざ" している自分がいることに気づく。それを意識することで、自己認識力アップも期待できる。
●所要時間	1分程度
●準備するもの	ベルやトライアングルなど（34頁参照）

▼ ワークの簡単な説明

　何かに集中しているとき（授業中など）、先生が予告なしにベルやチャイムなどで合図をします。その瞬間にやっていることをすべて手放し、呼吸だけをする練習です。「Doing」（何かをしていること）から、「Being」（ただここにいて、息をして生きていること）に意識をシフトする練習です。

ティンシャベル

▼ ワークの流れ

　（別の日やその日の朝などに前もって、このワークを予告なしに今後入れていくことや、することを予め説明しておく必要があります！）
①授業中など、通常のシーンで、突然（予告なしに）ベルかチャイムを鳴らす

【ポイント】ティンシャベルやエナジーチャイム、トライアングルなど、音にふんわりと余韻のある音源（楽器）のほうが、よりリラックス＆集中ができておすすめです！

②子どもたちはベルが鳴った瞬間から、「していること」（話すこと、食べること、手を動かすことなど）をすべてストップし、ただ呼吸に集中する

【ポイント】いままで立っていた／歩いていたなら、立ち止まるので OK です（わざわざ座り込む必要はありません）。手は体側に。

③（30秒ほど経ったら）もう一度ベルかチャイムを鳴らす。子どもたちは、ワーク前にして
　いたことに戻る

チーン

★まとめと、ふりかえり

・「何かをしている」時間が存在しているのと同じように、「何もしない」時間も存
　在しているのに気がついたかな?
・手を止めて、歩くのもストップして、呼吸だけに集中しました。どんな感じがし
　たかな?
・突然すべての「していること」をストップしたら、どういうことに気づいたか
　な?（ストップしなくちゃいけないのに、つい急いで手を動かしたくなる自分が
　いる、一斉に静かになって最初気持ちが悪かった、静かに集中できる短い時間に
　ちょっと落ち着けた、等)
・「何もしない」時間から、また「何かをしている」時間に戻りました。どんなこ
　とに気づいたかな?（なんとなくしている、のではなく、それは自分がわざわざ
　しているということに気づけたかな?)

ワーク 2-1 「こころ」（想像）と 「からだ」を結ぶ

●ねらい・効果	「こころ」と「からだ」がつながっていることを体感する。「こころ模様」に応じて「からだ」が反応することや、「からだ」からのメッセージに気づくと、感情を認識できることを理解する
●所要時間	20分

▼ ワークの簡単な説明

　子どもたちが「こころ」と「からだ」を結びつけられるよう促すワークです。このワークでは、先生の話（リード）を聞くだけで、からだが自動的に反応してしまいます。自然な流れで、身をもって気づきを得られるはずです。

▼ ワークの流れ

①子どもたちは、椅子に座ってリラックス

②これから何をするのかを説明

「『気持ち』と『からだ』が、つながっていることに、普段はあまり気づかないものだね。今日は、『気持ち』と『からだ』がどんな風にお互いに関係しているのかを実験していこうね」

③子どもたちは目をつむり、リードの言葉を聞く

「想像してみようね。みんなはお家の台所にいます。そこにはレモンがあるよ。手にとって、レモンの皮が冷たくてしっとりしているのを感じよう。半分に切って、想像でそっと香りを嗅いでみます（少し待つ）。それでは、そのレモンにガブッとかじりついてみよう（少し待つ）」
「自分の「からだ」はいまどんな反応をしているのかな。静かに観察しましょう。後でみんなに感想を聞くからね（少し待つ）。それでは、ゆっくりと目を開けようね」

④子どもたちは、「からだ」にどんなことが起きたかをシェアする

 「口の中につばが溜まった」「うわーって思った」

 「ガブッとかじりつくよう言われたとき、体がキューっと縮んだ」

⑤まとめ

 「こころ（感情や想像力）」と「からだ」はつながっていることが確認できたね。言葉を耳で聞いて、酸っぱいレモンの風味を想像したら、からだが自動的につばを出したね。みんなの気持ちや想像力に、「からだ」が反応しました。こんな風に、『こころ』と、『からだ』はつながっていて、どちらも同じく大切なんだよ」

⑥子どもたちは自由に発言していく

 「他にはどんな例があるかな？」

・クラス全員の前でアカペラで歌ってと言われたら、「からだ」はどんな反応かな？
・うめぼしのことを想像しても、（レモンと同じで）つばが出るね。
・大好きなペットのことを想像したら、笑顔になったり、こころが温かくなるね。
・運動会のかけっこやピアノの発表会　→心臓がドキドキする、お腹が痛くなる。
・明日は遊園地に連れて行ってもらう！　→体温が上がって、うれしくてドキドキ。など

★まとめと、ふりかえり

・「こころ」と「からだ」がつながっていることが、実感できたかな？
・想像の内容次第で（良いこと／良くないこと）、「からだ」の反応が違う（開く／伸びる感じ、閉じる／縮こまる感じ）ことに気がついたかな？
・こんな風に、「からだ」は、「こころ」の反応を受けて、みんなに信号を送っています。
・発表会の前はきっと心臓がドキドキして、顔が火照ったりするんじゃないかな。もし、「発表会の前だから緊張しているんだな」って冷静に考えられたら、気持ちは楽になるよね。
・「こころ」と「からだ」は1つに結びついていて、どちらも同じように大切です！
・（宿題を出しても Good ！）今日お家に帰ってから、他にどんな例がありそうか考えてみよう。

ワーク 2-2 ＜足を使ってみよう＞ 足の裏を感じる

●ねらい・効果	からだに意識を集中する。普段は無意識なことに、意識を向けることで自己認識力を上げるねらい。足（からだの最下部）を意識することで、こころが穏やかに安定することが期待できる
●所要時間	5分
●準備するもの	ベルかトライアングル（34頁参照）

▼ ワークの簡単な説明

　子どもたちが、普段なら意識しない体の部位（今回は、足）にしっかりと意識を向ける練習です。あれこれ考えたり悩んだりしているときに、足「だけ」に意識を向けることで、気持ちがスッキリしてリラックスすると期待できます。

▼ ワークの流れ

①子どもたちはリラックス

　椅子に座っていても、起立していても OK！

【ポイント】起立の場合は、ひざを柔らかくゆるめてリラックスします
　　　　　　（"くの字"までは曲げない）

②足の裏に注意を向ける

　「これから、足の裏に注意を向けようね」

（子どもたちは１分ほど、<u>無言</u>で集中。目は開けたままで OK。途中、先生や保護者が問いかけて観察を促す。）

・足の裏はピタッと床についているかな？

・床はどんな感じがする？

・足の裏は、全面100%が床についている？

・同じくらいの体重がそれぞれの足にちゃんと載っているかな？

※靴下か裸足で行うと床の感覚がつかみやすくなります

「もし、いま何か考えごとをしちゃっていても大丈夫だよ。また、足の裏に集中を戻していこう」

③残り30秒ほど、静かに足に集中する

ベル／トライアングルを鳴らすか、呼びかけで、

「では、自分の足からこの部屋（教室）全体に意識を戻そうね 」

④子どもたちに感想を聞いてもいいし、（学級の場合は）そのまま授業に移行しても OK

▼ 参考：ワーク中の流れ（内面で何が起きているのか）

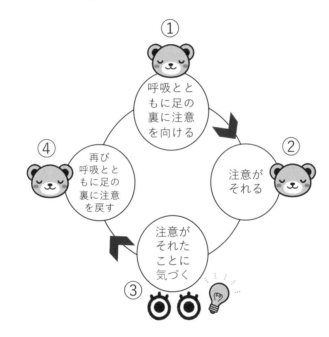

★まとめと、ふりかえり

・いつもこんな風に足や足の裏に意識を向けているかな？　自分の足はどんな感じがしたかな？

・足だけに集中している時間、どんな風に感じたかな？

・ワークの後、気持ちは変化しましたか？

・一人でもできるワークです。どんなときにしたら良さそう？

（右側縦書きタブ）マインドフルネス／自己認識　モチベーション　共感　自己調整　他者への思いやり

図内テキスト：
① 呼吸とともに足の裏に注意を向ける
② 注意がそれる
③ 注意がそれたことに気づく
④ 再び呼吸とともに足の裏に注意を戻す

ワーク 2-3 ／ <足を使ってみよう> チクタク

●ねらい・効果	からだに意識を集中する。普段は無意識なこと（今回は、足）に意識を向けることで、自己認識力を上げるねらい。足（からだの土台、最下部）を意識することで、こころが穏やかに安定、リラックスすることが期待できる
●所要時間	5分

▼ ワークの簡単な説明

　足の裏は土台ですが、意識がほとんど届かないところ。そこに目を向けることで、こころの視野が広がります。左右に体重移動をしながら、自分の内面にアクセスし、（指示されている体重配分は）「このくらいかな？」と子どもが自分で見当をつけるところが、体を動かすことが主体となる通常の体育の授業とは異なります。

▼ ワークの流れ

①子どもたちは起立する。背中はまっすぐ、膝は少しだけ緩め、体の筋肉はリラックス

【ポイント】起立の場合は、ひざを柔らかくゆるめてリラックスします
　　　　　　（"くの字" までは曲げない）。

②リードを受けて3回深呼吸をしながら、足の裏に注意を向ける

「これから3回深呼吸をしながら、まずは静かに足の裏に注意を向けていこうね」

（目は開けていて OK。）

③からだの重さを左右の足に傾けるチクタクワークをスタートする

「からだの重さ（全重心）を右足に傾けていこう」
「一旦中心に戻ります。今度は左足に傾けていこうね」
「また一旦中心に戻ります。今度は、さっきの半分程度の重さを右足に傾けてみて」
「一度中心に戻り、今度はさっきの半分くらいの重さを左足に傾けてみよう」

【ポイント】 重さの配分は自由。「いまの半分」「そのまた半分」や、「さっきの2倍」など、
ゲーム感覚で細かな違いを指示します。子どもにとっては、自分自身（内面）
にわずかな重さの違いを細かく問いかける機会が生まれ、Goodです！

④からだの中心に戻る

 「最後に、もう一度中心に戻ってこよう。きちんと自分の真ん中で立てているかな？
自分で、丁寧にチェックします」

⑤3回深呼吸に集中して、ワークを終えていく

> ### ★まとめと、ふりかえり
>
> ・足だけに集中している時間は、どんな風に感じたかな？
> ・指示に合わせて（半分、2倍など）体重を右足や左足に移す作業ができたかな？
> ・体重を移すとき、自分の内面に「こんな感じかな？」と問いかけができたかな？
> ・ワークの後、気持ちは変化しましたか？
> ・一人でもできるワークです。どんなときにしたら良さそう？

ワーク 2-4 ＜足を使ってみよう＞ ゆっくり歩く

YouTube（動画）

●ねらい・効果	自分のからだに意識を集中する。足の裏や歩きグセ、体重のかけ方の左右の違いなど、いままで無意識だった自分のことに気づきながら、自己認識力を上げるねらい。足元（からだの土台）を意識することで、こころが穏やかに安定することが期待できる。注意を向ける先を広げることで、視野も広がっていく
●所要時間	20分
●準備するもの	歩く始点と終点の目印となるテープ（床に貼る）や椅子、置物など。ベルかトライアングル（34頁参照）

▼ワークの簡単な説明

　子どもたちが、普段なら無意識にしている何か（今回は、歩くこと）にしっかりと意識を向ける練習です。あれこれ考えたり悩んだりしているときに、歩くこと「だけ」に意識を向けることで、気持ちがリラックスしたりスッキリした感じになると期待されます。歩く作業を新鮮な目で観察することで色々な発見があり、自己を認識できる機会となります。

▼ワークの流れ

（予め、部屋の端と端にテープや椅子、置物などで始点A・終点Bを作っておく）

①子どもたちは始点Aに立って、横一列に並ぶ

（背中はまっすぐ、膝は少しだけ緩め、体の筋肉はリラックス）

【ポイント】ひざは、"くの字"までは曲げない。背中はピーンとがんばるのではなく、自然で楽な姿勢を意識します！

②合図で（「ストップ」の合図まで）まっすぐ一歩一歩ゆっくりと、歩くことに注意を向ける

　「歩いているとき、自分の足はどんな風に動いているんだろうね？」

【ポイント】

・時間は1分ほど。おしゃべりはなし、静かに集中する

・目線は少し先の床に

・（一歩の歩みで）かかとを感じる　→土踏まずを感じる　→つま先を感じる

・（一歩前に出てから）かかとが床に着く　→足の裏全体が床に着く　→体重が後ろ側から前側に移動していく　→かかとが浮いてくる　→足全体が浮いて、前に一歩出る……のーめぐりの動きを、よく観察していく

・右足が出るときも、左足が出るときも、同じように歩けているかな？　どちらかの足がグラグラしたりしているかな？

・焦る気持ちになったら、自分で「ゆっくりでいいんだよ」とこころに呼びかけます

・床はどんな感触（堅さや、温度）？　足で感じ取れるかな？

③（終点Bまで行かないうちに）1分ほど経ったところでベル（トライアングル、チャイムなど）を鳴らす。子どもたちは、Bまでいつもどおりに歩いて行き、スタートの合図までの間、静かに呼吸に集中する

④スタートの合図で、今度はBからAに戻ってくる。②をくり返す

【ポイント】集中するよう言われても、つい気がそぞろになったり、何か考えごとをしたり心配ごとを思い出したりしてしまうもの。途中で子どもたちには声かけをすると良いでしょう。

　「もし、いま何か考えごとをしちゃっていても、大丈夫だよ。また、足に集中を戻してこよう」

⑤③と同様に、途中でベル（トライアングル、チャイムなど）を鳴らし、子どもたちはAに普段の歩き方で戻ってくる。子どもたちに感想を聞く

★まとめと、ふりかえり

・歩くこと「だけ」に集中して、自分の足を観察できたかな？

・歩きながら、どんなことに気づいたかな？

・ワークの後、気持ちは変化したかな？

・一人でもできるワークです。どんなときにしたら良さそう？

ワーク 2-5 ：＜耳を使ってみよう＞ なんの音？

●ねらい・効果	普段の生活では無意識に使っている「耳」を意識的に使い、注意力・集中力をアップさせるねらい。身を入れて音を聴くと自分の気持ちが（よりリラックス、よりスッキリなど）変化するのに気づくことを目指す。自己認識が高まることも期待できる
●おすすめの場所	静かに聴ける場所ならどこでも OK！ 大きすぎない部屋のほうが、音がよく聴こえるので、体育館よりも教室などのほうがおすすめです。
●所要時間	15分
●準備するもの	一例：鍵を束ねたもの、コイン、石２つ、貝殻２つ（ハマグリなどの二枚貝）、トライアングルなどの楽器、お米（や小豆など）を蓋つき容器（空き瓶など）に入れたものなど、ぜひ自由な発想で、創造的に！

▼ワークの簡単な説明

　様々な音に集中して耳を傾けるワークです。（耳に集中する時間は言葉を発しないため）クラスがザワザワしているとき、落ち着いた空間づくりに有効です。このワークでは、「聴力アップ」（「鍵の音だ」と正解を言えること）は目指しません。何を聴くかではなく、どう聴くのか（色々な音の違いに好奇心を持ち、最後まで集中して耳を澄ませられるか）が大切です。音の当てっこクイズをしているのではない（間違えても大丈夫、でも集中して聴こう）という点を、子どもたちにも伝えましょう。

▼ワークの流れ

①子どもたちはリラックスして椅子や床に座る。床に横になっても OK
（オプション：気持ちメーターを使って、いまの気持ちチェックをするのもおすすめです！）

②目をつむり、深呼吸して待つ。順番に鳴らされる「一連の」音を記憶しながら、耳を傾けていく

「それでは、いくよー。なんの音か想像しながら、順番に覚えていこうね。答えはあとでみんなで確認するので、わかっても発言しません。当てっこクイズではなく、集中して音を聴く練習、それだけです。呼吸しながらリラックスして聞こうね」

（一例）トライアングル（チーン）→少し空けて→ 石（カチカチ）→ 少し空けて→コイン（チャリンチャリン）→少し空けて→ お米（シャカシャカ）など、3〜5種類

【ポイント】・一連の音を続けて集中して聴くように導くのがコツです！（1つ1つ区切って答えを言うようにしてしまうと、早く答えがわかった子が我先にシャウトし、雑然となります）
・次回から子どもたちの中から数名「アシスタント」を指名し、その子たちに鳴らすのを手伝ってもらうと楽しい雰囲気をつくることができます。アシスタントを決めておいて、次回彼らに鳴らしたいアイテムを持ち寄ってもらうのもGood です！

③答え合わせをする。子どもたちは目を開ける

 「なんの音だったのか答え合わせをしようね」

（順に全アイテムの音を再度鳴らしていく）

④（オプション）もしも①で気持ちメーターを使った場合には、ここでワーク後の気持ちをチェックする

★まとめと、ふりかえり

・目をつむり耳だけで音に集中できたかな？　「これは○○かな？」と想像できたかな？
・目をつむって聴くのと、目を開けて聴くのは何か違っていた？
・ある音から次の音が鳴るまでの間、どんな気持ちになった？
・ワークの後、気持ちは変化したかな？
・音に静かに集中した後、気持ちがリラックスするね。

YouTube（動画）

ワーク 2-6 ＜耳を使ってみよう＞ 音のしっぽつかみ

●ねらい・効果	普段の生活では無意識にしている「聴くこと」に、意識を集中する。入ってくる音に注意を向けることで、集中力が高まる。身を入れて音を聴くと自分の気持ちが変化することに気づくことで、自己認識力のアップも期待できる
●所要時間	5分（2回目以降は「音のしっぽつかみワークやるよー」の一言で、トータル2分）
●準備するもの	トライアングルやおりん、ティンシャベルなど長い音の出る楽器（34頁参照）

▼ ワークの簡単な説明

　子どもたちが普段なら無意識にしている動作（今回は、聴くこと）にしっかりと意識を向ける練習です。あれこれ考えたり悩んだりしているときに、聴くこと「だけ」に意識を向けることで、気持ちがリラックスしたりスッキリすることが期待できます。（子どもたちは耳に集中する時間、言葉を発しないため）クラスがザワザワしているとき、落ち着いた空間づくりに有効なワークです！

▼ ワークの流れ

①子どもたちは静かなスペースで、リラックスして椅子や床に座る。床に横になってもOK（オプション：気持ちメーターを使って、ここでいまの気持ちチェックをするのもおすすめです！）

②音のしっぽつかみワークについて説明する

「音には、長ーいしっぽがあるんだよ」
「みんなは手を出して待機します。よく聴いて、しっぽの終わり、音が消えちゃうその瞬間に、ぎゅっと手でしっぽをつかもうね」
「聴く力には個人差があります。音のしっぽが行ってしまうその瞬間は、みんなそれぞれタイミングが違うから、お互いに比べないでね」

【ポイント】このワークでは、「より長く聴く力（聴力）」のアップを目指していません。子ども本人だけの答え、「いままさに音が消えちゃう、その瞬間」を見つけるワークです！　この点を、きちんと子どもたちにも伝えましょう。

③子どもたちは目をつむり、３回深呼吸した後、トライアングルなどの音を聴く。音が消えるその瞬間に（しっぽをつかむように）ぎゅっと手をにぎる

 「それでは、いくよー。呼吸しながらリラックスして聞こうね」

④クラスを見渡して全員が音のしっぽをつかめた様子を確認する

 「（一呼吸おいてから）それでは、静かに目を開けましょう」

⑤（オプション）①で気持ちメーターを使った場合には、ここでワーク後の気持ちをチェックする

★まとめと、ふりかえり

・しっぽが行ってしまうその瞬間まで静かに待ちました。どんな気持ちだったかな？
・しっぽをつかむ瞬間まで、音に集中できたかな？
・目をつむって音を聴きながら、何か気がついたかな？
・ワークの後、気持ちは変化したかな？
・実はこのワークは、気持ちをリラックスさせることができます。
・誰もまわりに音を鳴らしてくれる人がいない時、どうやったら自分だけでもできそうかな？（エコーのある音が耳に入った時、自分だけでもできる）

マインドフルネス／自己認識

モチベーション

共感

自己管理

他人への思いやり

ワーク 2-7 ＜耳を使ってみよう＞ 音を体で表す

●ねらい・効果	普段の生活では無意識にしている「聴くこと」に、意識を集中する。入ってくる音に注意を向けることで、集中力が高まる。身を入れて耳を傾けると自分の気持ちが変化することに気づくことで、自己認識力のアップも期待できる。あれこれ考えたり悩んだりしているときに、気持ちがリラックスしたりスッキリし、体を動かすことで心身のリフレッシュが期待できる
●所要時間	10分
●準備するもの	タンバリンや小だいこ、板と棒など、ドンドンやカンカンという余韻の短い音が出せるもの（なければ手拍子あるいは、腿を叩くのでもOKです）

▼ ワークの簡単な説明

　タンバリンなど楽器の音の速さ（遅さ）や強さ（弱さ）に耳をよく傾け、その音のとおりに子どもたちが腰や腕を振り、体で表現するワークです。

▼ ワークの流れ

①子どもたちはリラックスして起立（椅子に座るのでもOK）
（オプション：気持ちメーターを使って、①の前にいまの気持ちをチェックしておくのもおすすめです！）

②どんなワークをするのか説明する

「音には、強弱や、速い・遅いがあるよね」
「音をよく聞いて、大きな音なら大きく、小さな音なら小さく、速い音なら速く、遅い音なら遅く動いていこう。体をシェイクしたり、腕をぶんぶん振ったりして自由に表現しようね」
「（足音で音がかき消されないよう）足の裏に『秘密の糊』を塗ります。みんなの足は床にぴったりくっついているから、足ドンドンはしないよ」
と話し、足踏みをさせずに上体だけで表現する。

③子どもたちは待機。打楽器を強・弱・緩・急をつけて、鳴らす

【ポイント】次々と鳴らしっぱなしではなく、途中で「間合い」（静かなひととき）やフェイ
ントを入れるとワーク自体にアクセントと良い緊張感を加えることができ、静
寂が際立ちます！

④鳴らすのをストップ。子どもたちはしばし静かに立って、呼吸するだけのひとときを持つ

 「その場で、ゆっくり深呼吸しようね。いまの静かな空間を感じられるかな」

⑤もし①の前に気持ちメーターを使ったなら、ここでワーク後の気持ちチェックを行う

★まとめと、ふりかえり

・今回は「聴くこと」に集中しました。耳の感覚に意識を向けられたかな？
・音を聞いて、それに合わせて自分の体を動かせたかな？
・体を動かしている間、どんな気持ちになったかな？
・次の音が出るまでの間、どんな気持ちになったかな？
・静かに立って、呼吸だけしている（④の）時間、どんな気持ちだった？　ワーク
　の後、気持ちは変化したかな？（と問いかけます。子どもたちは自分だけでリフ
　レクション（（ふりかえり））しても良いし、発言してシェアするのも Good です！）

ワーク 2-8 : <耳を使ってみよう>
Walk-Stop-Wiggle-Sit

●ねらい・効果	普段の生活では無意識にしている「聴くこと」に、意識を集中する。だんだんと難易度を増す指示に注意深く耳を傾けることで、集中力・注意力が高まる。特にあれこれ考えたり悩んだりしているときに、気持ちのリフレッシュ効果が期待できる。(身を入れて聴くと)自分の気持ちが変化することに気づくことで、自己認識力がアップする
●所要時間	15分

▼ ワークの簡単な説明

4種の指示が入れ替わり、少しずつ難易度が増していきます。よく聴くことと、(どう入れ替わっているのか)冷静に整理し、からだで表すことが試されます。ゲーム感覚で楽しめる上に、指示が英語なので、子どもの興味を自然と引くことができます。このワークは、指示どおりにからだを上手に動かすことが目的ではありません。ややこしい指示にも諦めずに、集中力や注意力を保ち、気持ちの変化に自分で気づくための練習です!

▼ ワークの流れ

①子どもたちはリラックスして起立
(オプション:気持ちメーターを使って、①の前にいまの気持ちチェックをしておくのもおすすめです!)

②ワークの説明をする

 「Walk =歩く　Stop = 立ち止まる　Wiggle = 体をくねくね　Sit = 座る　という意味です。指示に従って、そのとおりに動いていこう」
「それでは、いくよー。Sit… Walk… Wiggle… Stop…Stop… Walk… Sit…(など、順番は自由に、リズミカルに指示を出していく)」

【ポイント1】 要領に慣れてきたら、子どもたちに交代で指示出しをしてもらうのも盛り上がります!

【ポイント2】教室での着席スタイルで行う
場合や、車椅子を使う子がい
る場合は、（例えば）「Sky」
（空：両手を天井に）、
「Knees」（膝：両手は膝の上）、
「Wiggle」（クネクネ）、
「Heart」（心臓：両手を心臓
の上に重ねて）など、上半身
を使うだけの指示にアレンジしましょう！

③ワードの意味（体の動き）が Walk と Stop 間、Wiggle と Sit 間で<u>入れ替わる</u>ことを伝え、
ワークを続ける
・Walk ＝立ち止まる←→ Stop ＝歩く、
Wiggle ＝座る←→ Sit ＝体をくねくね　に

④③に新たな指示が加わる
・Skip ＝スキップする
Jump ＝その場でジャンプ

⑤④の Skip と Jump の意味を<u>交換する</u>
・③に加えて、Skip ＝その場でジャンプ←→ Jump ＝スキップ　に

⑥もし①の前に気持ちメーターを使ったなら、ここでワーク後の気持ちチェックを行う

★まとめと、ふりかえり

・今回は「聴くこと」に集中しました。耳に入ってくる音（指示内容）に意識を向
けられたかな？
・次々と入れ替わる指示でも混乱せず、冷静に動けたかな？
・ワークの前と後では、気持ちは変化したかな？（と問いかけます。子どもたちは
自分だけでリフレクション（（ふりかえり））しても良いし、発言してシェアするの
も Good です！）

ワーク 2-9 ＜鼻を使ってみよう＞ 香りに集中

●ねらい・効果	普段無意識に使っている鼻（嗅覚）に意識を向け、注意力や集中力を高める。天然の香りには特にリラックス感やスッキリ感アップの効果があるとされている。嗅ぐこと「だけ」に意識を集中させると、その効果はさらにアップする。鼻に入ってくる空気に集中すると気持ちが変化すると気づくことで、自己認識の高まりが期待できる
●適した場所	教室など、あまり広すぎない室内
●所要時間	15分
●準備するもの	エッセンシャルオイルや（柑橘類など）果汁、（きゅうりなど）野菜の汁など、自然由来の香り2種以上、蓋つきの空き瓶（香りの数にあわせた本数）、脱脂綿かティッシュ小片

🔻ワークの簡単な説明

呼吸に集中するワークの香りつきバージョンです！　静かに、香りを全身全霊で味わいます。このワークはゲームや実験感覚で楽しめ、子どもの興味を自然と引くことができます。嗅覚を鍛えるワークではない（正しく答えを見つけられるかは重要ではない）ことを、説明で子どもたちによく伝えましょう。

🔻ワークの流れ

①あらかじめ香りの小瓶を準備
・芳香剤や匂い玉といった人工のものではなく、天然の香りを使う
・香りを脱脂綿やティッシュに染み込ませる。果物や野菜を切ったものを瓶に仕込む場合は、香りアイテムが見えないよう紙で覆って隠すなどする
・数種あるうち、2種は同じ香りを仕込む
・瓶の蓋をしておく（そうしないと、香りが飛んでしまいます！）

②子どもたちは椅子か床に座ってリラックス
（オプション：気持ちメーターを使って、いまの気持ちチェックをするのもおすすめです！）

③ワークの説明をし、小瓶を回していく

 「静かに、鼻での呼吸に集中する時間だよ。2〜3回深く嗅いだら、隣に回していこう」「最後に『答えの瓶』が回ってくるよ。その香りと、さっき嗅いだ数種のどれが同じか考えます」「答えあわせは、最後にみんな一緒にやりますよ（口々にシャウトしないこと）」「香りの当てっこクイズではありません。ひとそれぞれ、好きな香りやそうでない香りがあるよね。大切なのは、香りのそれぞれが自分にはどんな感じがするか、よく嗅いで味わうことですよ」

【ポイント】クラスが20名以上いる場合には（瓶が回るのに時間がかかるため）、ひと組5名程度の小グループにするのもおすすめです！

④子どもたちは鼻呼吸に集中

⑤すべての瓶が回ったら、どんな感じがしたか挙手で発言、みんなで答えを考える

 「『答えの瓶』と同じ香りなのはどれでしょう？」

（子どもたち、挙手）

 「最初の瓶はどんな感じがした？　何の香りかわかったかな？」

（子どもたち、挙手）

 「これは、○○の香りでした！」

（香りアイテムを隠していた場合は、覆いを取って見せる）

⑥子どもたち、答えがわかったあとで、もう一度静かに1つ1つ香りを嗅いで、回す

⑦②で気持ちメーターを使ったなら、ワーク後の気持ちチェックを行う。瓶を回収する

★まとめと、ふりかえり

・嗅ぐことに、集中できたかな？
・異なる香りから、優しい、甘い、酸っぱい、懐かしいなどを感じたかな？
・これらは全部天然の香りです。ハーブやくだものや野菜の香りを使いました（用いた内容に応じて）。お洗濯で使う洗剤の匂いなどとは違う感じがしたかな？
・ワークの後、気持ちは変化したかな？（と問いかけます。子どもたちは自分だけでリフレクション（（ふりかえり））しても良いし、発言してシェアするのも Good です！）

ワーク 2-10 ＜指を使ってみよう＞ 仕分けてマインドフルに

●ねらい・効果	普段の生活では無意識に使っている指（触覚）に意識を向け、注意力や集中力を高める。イライラ感やモヤモヤ感、不安感などがあっても、触ること「だけ」に意識を向け集中することで、リラックスしたりスッキリした気持ちになったりする効果が。そんな自分に気づくことができると、自己認識力もアップする。クラス全体がザワザワしているモードのときに、（皆が無言で集中するので）鎮める効果も期待できる
●所要時間	20分
●準備するもの	豆と米など異なる触感の2種、各1つかみ程度。学級で行うなら蓋つき容器に合わせて入れて家から持参。小皿1枚

▼ ワークの簡単な説明

　小皿にお豆とお米（例）が混ざっています。それを、目をつむりながらお豆だけ（例）を仕分けるワークです。静かに目をつむりながら呼吸をし、指の感覚に集中する作業をすることで自分の気持ちが変化することに気づきながら、自己認識を育てることを目指します。このワークはゲーム感覚で好奇心を刺激し、子どもの興味を自然と引くことができます。学級でワークする場合は、終わったらお豆やお米など食材は必ず、教室で捨てずに持ち帰って食べてもらいましょう！　環境のために、小皿も紙やプラスチックの使い捨てなどで済まさず、食器を使う感覚を大切にしたいところです。

▼ ワークの流れ

①テーブル（机）の上に仕分ける2種と小皿をセットする

・使う2種は、お米や小さなお豆、ピーナッツなど、ドライタイプ

・学級で行う場合は、蓋つき容器に混ぜて入れてきたものを、すべて小皿にあける。小皿は利き手ではない側に置き、容器はその横に。（右利きなら、小皿は左手に）

②子どもたちは椅子か床に座ってリラックス
（オプション：気持ちメーターを使って、②の前にいまの気持ちチェックをするのもおすすめです！）

③ワークについて説明

「2種のうち、『お豆だけ』（もしくは『お米だけ』など、1種のみ）を蓋つき容器のほうに仕分けていこうね」

「早いもの競争じゃないから、どれだけできたかは、関係ないよ。焦らないで大丈夫！」「目をつむりながら、利き手でない指だけで探す間、どんな気持ちがするかな？」

【ポイント1】 「いまから○分間〜」などアナウンスをすると、時計をチラッと見たりして焦る子もいます。「時間が来たら言うから、それまではリラックスしてゆっくりやっていこうね」と導きましょう！

【ポイント2】 今後、仕分け対象を3種、4種……と増やすのも反復練習を飽きさせないための工夫となります。また、子どもの年齢に応じて、仕分け対象をより小さく、互いに形状が似たものにするとチャレンジ感を高めることができます！

④子どもたちは<u>目をつむりながら利き手ではないほうの指で仕分け作業</u>（5分程度〜）

⑤②で気持ちメーターを使ったなら、ワーク後の気持ちチェックを行う。学級で行う場合は、ワーク後は使った食材は家に持ち帰り、洗って食べる

★まとめと、ふりかえり

・今回は指を使って何かを触ることに集中したね。どうだった？

・目をつむって、静かに仕分けをすることに集中できたかな？

・利き手じゃないほうの指を使う間、どんな感じ／気持ちだった？

・どんどん仕分けなくっちゃと思って焦っちゃったかな？（学校なら挙手させる）ついついいつものくせで焦ってしまったりすることもあるよね。それも、大切な気づきだよ。

・ワークの後、ワーク前と比べて気持ちは変化したかな？（子どもたちは自分だけでリフレクション((ふりかえり))しても良いし、発言してシェアするのもGoodです！）

ワーク 2-11 ：＜指を使ってみよう＞ タッチ＆フィール

●ねらい・効果	普段の生活では無意識に使っている指（触覚）に意識を向け、注意力や集中力を高める。日頃のイライラ感やモヤモヤ感、不安感などが、触ること「だけ」に意識を向けることで、リラックスしたりスッキリした気持ちになったりする効果が。そんな自分に気づくことができると、自己認識力もアップする。アイテムに触れながら想像力も刺激される
●所要時間	30分
●準備するもの	手に持てる大きさと重さのタッチ＆フィールするアイテム、絵を描くための用紙と画材（鉛筆やペンも OK）

▼ ワークの簡単な説明

　各自が交代して目隠ししながらペアで行うワークです。各自はあらかじめ、相手に手で感じてもらう（タッチ＆フィール）ためのアイテム（石や貝殻や、とげの無い木の棒など）を見つけておき、持参します。目をつむりながらアイテムに触れる時間はちょっぴりドキドキするかもしれません。慎重に注意深く、指の感覚に意識を向けながら集中して行うワークです。追って絵で表しながら、触覚の記憶にアクセスしていきます。

▼ ワークの流れ

①それぞれがペアの相手にタッチ＆フィールしてもらうためのアイテムを準備しておく。ペアの相手と向かい合わせで椅子か床に座り、リラックス

（オプション：気持ちメーターを使って、いまの気持ちチェックをしておくのもおすすめです！）

②ペアの一人（A）が、目をつむり指の感触だけでタッチ＆フィール

・A（どちらが A か B かは、例：「今朝起きた時間が早かった方！」など、創造的に楽しく指示します）は、目をつむり、相手 B から渡されたアイテムを静かにタッチ＆フィール（3 分程度）。B はヒントを言わずに、静かに見守る

【ポイント】・あれこれ同時にチェックするのではなく、まずは1点「触覚」のみに集中する
よう大人が促します。

・指で一通り触って確かめた後は、香りを嗅いだり、振って音を聞いたりしてみ
ても Good です！

③時間が来たら合図、A は目をつむったまま、アイテムを B に返す

④B はアイテムを体の後ろに隠す。A は、紙
にどんな形のものかを想像しながら簡単な絵
を描く（3分程度）

⑤B は A にアイテムを見せてあげる

⑥②〜⑤のワークを、A と B 役割交代で行う

⑦①で気持ちメーターを使ったなら、ワーク後
の気持ちチェックを行う。A と B はお礼を
言い合って終了

★まとめと、ふりかえり ・・・・・・・・・・

・今回は指だけに意識を集中させるワークをしました。目をつむって、静かにタッ
チ＆フィールすることに集中できたかな？

・ワークで集中した後、いまはどんな気持ちになった？（子どもたちは自分だけで
リフレクション（（ふりかえり））しても良いし、発言してシェアするのも Good で
す！）

・イライラしたり、心配なことがあるときに、こんな風に（目も脳も休めて）指で
触ることに集中すると、気持ちの切り替えをすることができるよ。

ワーク 2-12 : 自分と、外の世界との境目を感じてみよう

●ねらい・効果	自分の「からだ」が外の世界と接していることにこころの目を向け、自分がまわりとつながりを持った一人の人間であることを客観的に感じる。ただ、あるがままでその場にいる心地よさを体感することを目指す。自己認識力アップが期待できる
●所要時間	10分
●準備するもの	ベルやトライアングルなど（34頁参照）

▼ ワークの簡単な説明

　子どもたちが「自分のからだ」と「まわりの世の中」との接点を感じるワークです。「何かをする自分」の代わりに「何もしない、あるがままの自分」を感じながら、リラックスします。

▼ ワークの流れ

①子どもたちは、力を適度に抜いて起立。ひざは柔らかく緩め、体全体をリラックス（ひざは「くの字」までは曲げない）

（オプション：気持ちメーターを使って、いまの気持ちチェックをするのもおすすめです！）

②深呼吸を自分のペースで3回行う

（目は開けたままでOK！）

③言葉でゆっくりとリード

（1つ1つの文の後、子どもたちが感じ取れるように少し時間をおきながら）

 「呼吸をゆっくりと続けながら、目はきょろきょろさせずに、（壁のしみなど）どこか1つの場所だけを見るようにしようね（少し待つ）」

「両方の鼻のふくらみの外側に意識を向けてみよう（少し待つ）」

「両方の眉毛の端っこに、意識を向けてみます（少し待つ）」

「耳の上、（メガネをかけていなくても）メガネがかかる場所だよ。そこに、意識を向けていこうね（少し待つ）」

「頭全体の輪郭に意識を向けてみよう（少し待つ）」

「体全体の輪郭を見えないペンでなぞるように感じ取ってみるよ（少し待つ）」

「ただ同じ場所に立ったままで、体と外の世界との境目を感じていこうね（少し待つ）」

「足の裏が床にぴったりとついていることを感じます（少し待つ）」

「自分が『一人のひと』として、地面にしっかりと立っていることを感じよう（少し待つ）」

「ゆっくりそのまま大体１分間くらい、合図するまで呼吸を続けていこうね（１分程度）」

④ベルの音で、子どもたちは意識をこの場に戻してくる

（①で気持ちメーターを使ったなら、このあとでワーク後の気持ちチェックをします）

★まとめと、ふりかえり

・「自分のからだ」が外の世界と接していることを、感じられたかな？

・ワークの途中、どんな感じだった？

・一人でもできるワークだよ。どんなときにやったら良さそう？

・まとめとして、流れのおさらいを説明するのも Good！　まずはどこか１点を見つめる→呼吸をしながら、両方の鼻のふくらみ→眉毛の外側→耳の上→頭→体全体へと、意識を向ける先を広げていったよ。

・自分と外の世界との境目を、少し新鮮な気持ちに感じたかもしれないね。自分の輪郭全体を意識して呼吸するとリラックスできるよ。

ワーク 2-13 ：＜目で眺めてこころを休ませる＞ 魔法のキラキラボトル

●ねらい・効果	子どもたちの目は、テレビに読書にデジタル機器に、普段からフル活動！ここでは、目を休ませながらリラックスする方法を体験する。グリッターが輝きながらゆっくりと瓶の中に落ちていく様子を見ているだけで気持ちが鎮まる。そんな自分に気づくことができると、自己認識力もアップ
●適したタイミング	学活や体育の授業（の締めくくり）など。自宅であれば夕食後や就寝前がおすすめ
●所要時間	10分
●準備するもの	グリッタージャー

▼ ワークの簡単な説明

　クラスみんなで輪になって腹ばいに寝そべり、静かにグリッタージャーを眺めるだけのワークですが、効果は大！です。体育の授業の最後や自宅なら就寝前におすすめのワークです。張りつめたこころをほどいて、心地よくリラックスできます。もちろん親子で（子どもが一人でも）できるワークです。

▼ ワークの流れ

①子どもたちは（数名なら）輪になって、腹ばいに寝そべる
（オプション：気持ちメーターを使って、いまの気持ちチェックをするのもおすすめです！）

【ポイント】頬づえよりも手を床の上で重ねて、その上にあごを載せると体の力が抜けてリラックスできます。

②輪の真ん中に、グリッタージャーをよく振って
　置く

③グリッターが瓶の下に落ちる様子を、子ども
　たちみんなで、静かに呼吸しながら眺める
（①で気持ちメーターを使ったなら、このあとで
ワーク後の気持ちチェックをします）

> **★まとめと、ふりかえり** ·········
>
> ・グリッターが落ちるのを見つめているとき、どんな感じがしたかな？
> ・ワークの後、いまはどんな気持ちになったかな？（子どもたちは自分だけでリフ
> 　レクションしてもよいし、発言してシェアするのも Good です！）
> ・ざわざわした気持ちだったら、こんな風にグリッタージャーを眺めるだけで、気
> 　持ちが穏やかに落ち着くね。簡単なことで、気持ちは切り替えができるね。

【グリッタージャーのレシピ】

グリッタージャーとは、とろみのついた液体とメ
タリックな粒（グリッター）が入った瓶です。よ
く振ってから瓶を置いて眺めると、粒がキラキラ
輝きながらゆっくりと下に落ちていきます。

＜材料＞

・蓋で完全密閉できる透明な瓶（エコ教育の観点でもガラス製が望ましい）…１つ
・お湯
・グリッターグルー（ラメのり）＊グリッターグルーの入手が難しければ、透明な液
　体のりと小さめの粒のグリッターを混ぜても作れます。
・グリッター粉末（グリッターは好みの色で、中くらいの粒サイズがおすすめ。あま
　り粒が大きいと、瓶の底にすぐに落ちてしまいます）
・水彩絵の具（予め少量の水に溶いたもの）、あるいは食紅
・混ぜる棒

＜作り方＞

①瓶の１/３あたりまでお湯を入れる（熱湯である必要はなし）
②グリッターグルーを投入、よく混ぜて溶かす
③絵の具あるいは食紅を、色味を見ながら少量ずつ入れる
④粉末グリッターを入れる（キラキラの粒が確認できる位まで）
⑤よく混ぜたら、残りのお湯を瓶の口すれすれまで入れて密閉する
⑥様子を見て、必要であればグリッターの量や液の色味を調節する。グリッターが（ド
　サっと一気にではなく）徐々に静かに底に沈んでいく感じにできれば出来上がり！　粒
　の落ちるのが速すぎるときは、透明のりを追加してとろみをアップさせる

ワーク 3-1 ｜ 全身全霊で食べる

●ねらい・効果	「なんとなく」「〜しながら」で済ませていた「食べること」に、全身全霊で取り組む。味覚や嗅覚、触覚をフルに使い、無意識を意識化することで、注意力や集中力、自己認識力の向上が期待できる。また、食べものが手元に来るまでの道のりを考えることで、自然の世界（恵み）に私たちが支えてもらっていることを自覚する。リラックスしながら、安心感や感謝の気持ちもアップ。地球環境に目を向けるきっかけにもなると期待できる
●適したタイミング	食事の時間（朝食、給食、夕食）
●所要時間	15〜20分
●準備するもの	みかん、ナッツやレーズン（給食のメニューでもできる）

▼ ワークの簡単な説明

　ゆっくりゆっくりと食べものを目で、指で、耳で、舌で、味わいます。自分がものを食べるときに何をしているのか、観察をするワークです。食べものをいただく前に、手元に来るまでの道のりを考えます。食事をいただくことがどれほどありがたいか実感できると、なんとなく過ごしてきた食事タイムは、楽しい感謝の時間となります。自然や用意してくれた人々との「つながり感」を得られるなら、孤独感とさようなら！　ができます。

▼ ワークの流れ

①子どもたちは、上記の「準備するもの」の前に座り、リラックス

②言葉でリードする

「今日は、ゆっくりと集中して、食事をしようね」
「まず、目の前の食べものを眺めてみよう。色や表面の模様など、どう目に映るかな？（少し待つ）」「この食べものが、みんなの目の前に出されるまでの道のりを考えてみよう。じゃあ、ヒントを。みんなの前に出される前は、配膳係がお皿に載せました。その前は、給食室から運んできました。その前は？」

（手挙げ式で、次々と子どもたちが答える）
→延々と続けます。トラックで運んできた作業、農家さんの存在、実→（虫による受粉）→花→タネ、などとさかのぼっていきます。→（タネまで行ったら）

「大切なことを忘れていない？　タネはどうしたら芽が出るのですか？」

「太陽」「雨（雲も）」「土の養分」
などなど。

「みんなで細かく流れを見られたね。食べものは、そう
いう、人の力や車や機械、ガソリンなどの燃料だけじゃ
なくて、自然にも助けてもらって、みんなの前に来て
います。」「そういうことを考えたとき、どんな気持ちになるかな？（少し待つ）」

※給食の時間に行う場合は、②の後④に

③（ナッツやレーズン、みかんなど、手に取れる食品の場合）手に載せて、静かに観察する

「香りは？　触る感触は？　転がすと音が鳴る？　観察していこうね」

（みかんの場合：そのままの香りと、爪で少し傷をつけた皮の香りの違いを観察。皮を剥く
ときの音（ぺりぺり）に耳を澄ます。内袋や透けて見える粒々の様子も観察）

④みんなでいただきます！　の前に、食べるときのルールを説明

・早く食べる代わりに、ゆっくり食べる練習。

・口に入れたら、30回くらい目指してモグモグ（③の場合はモグモグする前に、口の中で少
　し転がしたり、舌で押してみたりして感触を観察）。おしゃべりは、しない。

・（給食の場合）モグモグ中は、お箸やフォークはお皿・おぼんの上に置く。口から食べ物
　がなくなったら、またお箸やフォークを手に持つ。

・（給食の場合）5〜10分くらい、この食べ方を練習する（「知らせるから、時計は見なくて大丈夫」）。

⑤いただきます！　子どもたちは無言で、④のルールで食べる

・途中で先生や保護者がリード

「いま、みんなの口の中では何をしてるのかな？　歯の動きは？　べろはどんな風に働い
ているの？　30回噛んで飲み込むとき、その食べ物がどこに行くか、感じられるかな？」

⑥合図で子どもたちは普段どおりの食べ方に戻り、体験をシェア

★まとめと、ふりかえり

・食べものに本気で集中しながらいただいたときの味はどうだった？（普段よりずっ
　と美味しいことに気がついたかな？）
・どんな気持ちになったかな？（リラックス／安心／感謝の気持ちになったかな？）
・イライラしたり、心配な気持ちになっているときに、食べ方で気持ちが変わるよ。
・口の中で、歯や舌はどんな仕事をしていたかな？
・自然と人が協力して、みんなの前に食べものが届けられていることが実感できた？
・（宿題も Good！）今日お家でも同じように、ご飯の最初の３口をこんな風に食べてみよう。

ワーク 3-2 全身全霊で食べる＜いのち編＞

●ねらい・効果	いのちの存在をダイレクトに感じられる食べものをいただき、無意識を意識化する。「なんとなく」「～しながら」で済ませていた「食べること」に、全身全霊で取り組む。味覚や嗅覚、触覚をフルに使うことで注意力や集中力、自己認識力の向上が期待できる。食べものが手元に来るまでの道のりを考え、ほかの生き物のいのちに私たちが支えてもらっていることを自覚する。リラックスしながら、感謝の気持ちもアップ
●所要時間	15～20分
●準備するもの	ちりめん、しらす、煮干しなど

▼ ワークの簡単な説明

ワーク3-1「全身全霊で食べる」の発展形として、今回のワークでは「いのち」の存在をしっかりと感じられる食べものをいただきます。ゆっくりゆっくりと食べものを目で、指で、耳で、舌で味わうことで自己認識力のアップを目指す点は3-1のワークと同じですが、ここでは特に、他の生きものから譲られたいのちをいただいて私たちが生きていることを実感し、体験を深めます。自然の恵みや用意してくれた人々に対して感謝しながら、「つながり感」を得ていきます。

▼ ワークの流れ

①子どもたちは、上記の「準備するもの」の前に座り、リラックス

②言葉でリードする

「みんなで一緒にいただくからね（まだお口に入れません！）」

・眺める：色や表面の模様など、どう目に映るかな？
・道のり：みんなにわたす前、このちりめん（例）をお店で買ってきました。その前は、それをお店のたなに並べてくれた人がいます。その前は？（手挙げ式で、次々と子どもたちが答える）
→ 延々と続けます。トラックの輸送、漁師さんの存在……などなど。

「見てのとおり、元は生きた小さなお魚で、海で泳いでいました。ちりめん（じゃこ）は、イワシの赤ちゃんだよ。海からの恵みで私たちは生きているんだね」「こ

れから少し質問をします。みんなは言葉で答えなくて良いよ、こころの中で考えてみましょう」「小さなお魚のいのちを私たちは何気なくいただいています。みんなはお魚になんて声をかけたいかな？」「みんなは、海からの恵みをいただいて生きています。海に対して、なんて声をかけたいかな？　これからもいのちの恵みをいただくために、私たちにはどんなことができるかな？」「そういうことを考えたとき、どんな気持ちになるかな？（少し待つ）」

③手に載せて、静かに観察する

「どんな香りがするかな？／触る感触は？／転がすと音が鳴る？」

④みんなでいただきます！　の前に、食べるときのルールを説明

・早く食べる代わりに、ゆっくり食べる練習。

・口に入れたら、30回くらい目指してモグモグ（③の場合はモグモグする前に、口の中で少し転がしたり、舌で押してみたりして感触を観察）。おしゃべりは、しない。

・飲み込むとき、どこに消えていくのか最後まで（こころの中で）見届ける。

⑤いただきます！　子どもたちは無言で、④のルールで食べる

・途中で先生や保護者がリード

「いま、みんなの口の中では何をしてるのかな？　歯の動きは？　べろはどんな風に働いているの？　発言しなくて良いから、こころの中で確認していこうね」

⑥全員が飲み込み終わった様子になったら、体験をシェア

★まとめと、ふりかえり

・元々生きていたお魚をいただいて、どんなことに気がついたかな？

・普段の「何気なく」いただく食べ方と比べてどうだった？（リラックス／安心／感謝の気持ちになったかな？）

・口の中では、歯や舌がどんな仕事をしていたかな？

・みんなの前に食べ物が届けられるのは、海の恵みと人の協力があってこそだね。

・大切ないのちをいただいているからこそ、どんなことにこころがけたいですか？（以下、まとめのポイント参照）

・（宿題も Good！）お家のご飯では、一食に、どのくらいの数の「いのち」が入っているか観察してみよう。ちゃんと知って、ちゃんと感謝して楽しく食べよう。

【まとめのポイント】いのちをいただいて「ごめんなさい」と考える食事は美味しくありません。その代わりに、「ありがとう」の感謝の気持ちをいつも持つこと、楽しく美味しくいただいてしっかりと栄養とすること、そして「無駄」や「もったいない」こと（食べ放題で残すほど取る、消費できない量を買って捨ててしまうなど）をしないことが大切、とリードしていきましょう。

ワーク 3-3 「有るもの」に目を向ける

●ねらい・効果	「無い」から「有る」に目を向ける。「有る」ほうに目を向けたときのほうがポジティブな気持ちになれると気づいていく。自己認識力だけでなく、前向き感、安心感や感謝の気持ちのアップが期待できる。回復力を得る手法を学ぶねらい
●適したタイミング	学活、自宅なら夜間のリラックスタイムにおすすめ
●所要時間	説明含め25分
●準備するもの	筆記具、メモもしくはノート

▼ ワークの簡単な説明

　遊ぶ時間がない、お小遣いが足りない、友達が少ない……子どもたちの世界も、「無い」ことに目が行くと気持ちが沈んだり、イライラしたり、不安に悩まされてしまいます。ここでは代わりに「有る」こと（もの）をリストアップしていきます。長いリストを作ることに焦点を当てるのではなく、「有る」に目を向けたほうが気持ちがポジティブになると気づくことを目指します。

▼ ワークの流れ

①子どもたちは、椅子に座ってリラックス

②まずは「無いもの（こと）」をリストアップ（5分）

「わたしたちは色々と『無い』ものに目が行くよね（時間、お友達、お金など）」
「人間の脳みそは実は、心配するように、警戒するように、できているんだよ（昔々は、そのほうが命を守るのに有利だったからね）」
「だから、無いものについ目が行って心配になっちゃうのは、自然のことなんだよ」
「最初に、『無いもの（こと）』をリストアップしていこうね」

③「無いもの（こと）」リストを眺める（30秒ほど）

「このリストを見るとき、どんな気持ちになるかな？　言わなくていいから、こころの中で確認してみよう」

④今度は、「有るもの（こと）」をリストアップしていく（5分）

「脳みそは心配や警戒をするようにできているから、無い、無い、に目を向けるのは実はとっても簡単なんだよ。でもちょっと頑張って、『実は有る』ものや事柄に目を向けてみようね。〇〇ちゃん／くん（みんな）の世界に『有る』モノやコトは何だろうね？」

（状況に応じてヒント：ママもパパも応援しているし、時間だって作ればあるし、そもそも健康でしょう？）

⑤子どもは、「有るもの（こと）」リストを眺める（30秒）

「このリストを見るとき、どんな気持ちになるかな？　言わなくていいから、こころの中で確認してみようね」

⑥「無いもの」リストと「有るもの」リストを比べてみる（30秒）

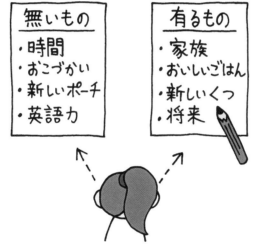

⑦感想や気づいたことをシェア

★まとめと、ふりかえり

・「無いもの」と、「有るもの」どっちに目を向けるほうが、楽しい気分になる？
・心配したり警戒したりするほうを、人間は簡単にしちゃうっていうことが学べたかな？
・「有るもの（こと）」リストを眺めてみてどんな気持ちになったかな？
・今日学んだことを、これからどんな風に活かせそう？

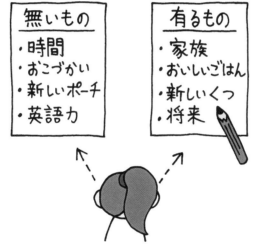

※図中のリスト:
無いもの
・時間
・おこづかい
・新しいポーチ
・英語力

有るもの
・家族
・おいしいごはん
・新しいくつ
・将来

※右側のタブ: マインドフルネス　自己認識／モチベーション／共感／自己調整／他者への思いやり

ワーク 3-4 : お背中トーク

●ねらい・効果	クラスメイトや家族に背中を預けて話をする時間を持つことで、安心感や感謝の気持ちのアップが期待できる。誰かの温もりのありがたさを認識する。回復力を得る手法を学ぶねらい
●所要時間	説明含め20分

▼ ワークの簡単な説明

　クラスメイトや、親や兄弟など家族に背中を預けて、「気持ち」の語り合いっこをします。普段だと照れ臭くなってしまうかもしれませんが、学級で行う場合は先生のリードのもとで、クラスでのワークという括りでみんなで一斉に体験してみましょう。デジタル世界だからこそ、大切にすべき人と人との触れ合いや語り合いから得られる温かい感覚、つながりから得られる安心感に気づいていきます。もちろん、親子のペアワークとしてもおすすめなワークです。

▼ ワークの流れ

①子どもたちは（できれば普段遊んでいるグループ以外のクラスメイトと）ペアになり、背中合わせで体育すわりをする

②ペアのうち、最初に話す子Aを決める

【ポイント】「今朝早く起きた方！」や、「上履きが綺麗な方！笑」など、笑いながら問いかけてAを決めると、楽しい雰囲気が創出できます！

③Aは、与えられたテーマに応じて、背中合わせのBに肩越しに（やった出来事ではなく）「気持ち」を語る（4分）

【ポイント】Bは口を挟みません。聞き役に徹して、ただ「ウン、ウン」など相槌だけ打ちます。Bの役目は、生返事ではなくきちんと気持ちのこもった返事をすることです。大人からしっかりと説明をしましょう！

【テーマの一例】

・今年、一番恥ずかしかったのは……

・今月、特に悲しかった／悔しかったのは……

・いま、ちょっと大変だなと思っていることは……

・最近同級生にしてもらってうれしかったことは……

・家族と喧嘩したときに、どんな風に思ったか……など、「気持ち」を話しやすいように自由にアレンジ！

④今度は、いままで聞き役だったBが話し手に（4分）

【ポイント】③と同様、今回聞き役となるAも口を挟みません！　同じテーマでも、テーマを変えてもOKです。

⑤合図でAもBも正面に向き直し、このワークでどんな風に感じたかを全員でシェア

★まとめと、ふりかえり

・クラスメイトと背中合わせで座って、どんな感じがした？

・背中の温かさを感じられたかな？

・肩越しに、「気持ちを話して」「聞いてもらって」「クラスメイトの気持ちを聞けて」どんな気持ちになった？

・背中が温かくて、気持ちを話せて、リラックスできたかな。

・気持ちを伝え合うって素敵なことだよね。伝え合ったら、お互いの気持ちはもっとわかり合えるね。

・（宿題を出すのもGood！：今週、家族ともやってみよう！）

YouTube
（音声）

ワーク 4-1 ： 自分に「ありがとう、大好きだよ」

●ねらい・効果	自分の体に意識を向け、感謝や労いの気持ちを自分に送る。自ら癒し、（例え誰も応援してくれないと感じていても）自ら応援できることを知る。伴って、自己認識力や自己肯定感の向上も期待できる
●適したタイミング	学活あるいは体育の授業終盤、自宅なら夜間のリラックスタイム
●所要時間	20分
●付録	スクリプト（172-173頁）

▼ ワークの簡単な説明

　困難に見舞われると、自分なんか駄目だ、自分の存在なんてちっぽけ（もう消えてしまいたい）、なんて思いつめて考えがちです。このワークでは、ただ寝転んで、順番に体の部位にお礼と労いの気持ちを伝えていきます。感受性の強い子は、もしかしたら体がポカポカする感じが得られるかも？！　「成績が良いから／スポーツができるから／大人の期待に応えるから＝いい子」なのではなく、困難なときでも、自分はかけがえのない一人の大切な存在であることを学んでいく癒しの時間です。

▼ ワークの流れ

①子どもたちは、床に寝転んでリラックス
　（物理的に難しければ、椅子に腰掛けるのでも OK）

②ワークの導入部分を説明する

「生きているということは、上手くいくことばかりではないよね」
「良いこともあれば、そうでないこともあって、それが自然な姿だよ」「いま、辛いなぁと思うことがあるかもしれないね。苦手なことばかりで、自分は駄目だと思っているかもしれないね」「今日は、自分の体にきちんとお礼を言うワークをしようね」

③目をつむり、リードの言葉を聞く

「いまから体の場所を順番に言うから、こころの目で、その場所に向かって『ありがとう。大好きだよ』というメッセージを送っていくよ」

「（脳は四六時中色々と考えたり、覚えたりして働いているので）脳に、『ありがとう、大好きだよ』とこころの中で言おうね」

「目（朝起きてから、夜寝るまで、休みなしだね）に、『ありがとう、大好きだよ』とこころの中で言おうね」

「鼻（鼻が頑張っているから、美味しそうなご飯や、季節の匂いに気づくことができるよね）に、『ありがとう、大好きだよ』のこころの中で言おうね」

（→という要領で、順に以下の部位をめぐっていく）

唇に……歯に……舌に……耳に……頭全体に……首に……肩、胸、心臓、お腹、背中、腰、おしり、もも、ひざ、すね、足首、足の裏。

「最後に、自分の体全体の輪郭を、感じようね。自分の体全体に、『ありがとう、大好きだよ』とこころの中で伝えよう」

④ 子どもたちは、そのまま少しの間（2分程度、様子をみながら）静かに横になる

⑤ ベルを鳴らすなどして、合図を送る。子どもたちはゆっくりと起き上がる

⑥ 体験をシェア

「やってみて、どんな気持ちになった？　何か気づいたことは、あったかな？」

★まとめと、ふりかえり

・自分に「ありがとう、大好きだよ」のメッセージを送って、前向きで温かい気持ちになったかな？
・ひとは、一人ひとりが違う、とても大切な存在だよ。
・「色々なことがうまくいかない、もう駄目だ」、と思う代わりに、たまには、こんな風に自分にエールを送ってあげようね。
・どんなときにやったら良さそう？（例：寝る前にお布団の中でできる、がっかりしたことがあったときに自分を励ませる、など）

ワーク 4-2 ： 私の素晴らしいところ、あなたの素晴らしいところ

●ねらい・効果	自分で自分の素晴らしいところに目を向け、自己肯定感や自己認識力の向上を目指す。相手の素晴らしいところも認めつつ、自分の素晴らしいところにもきちんと目を向けることで、互いの素晴らしさが（比較・競争ではなく）「共にあること」も理解する。ワーク相手のクラスメイトや家族が自身の素晴らしいところを言う様子を応援してあげるこころも育む
●適したタイミング	学活や夜間のリラックスタイムなど
●所要時間	20分

▼ ワークの簡単な説明

　二人組で互いに（相手ではなく）自分の素晴らしさをポンポンと挙げていくワークです。日本で暮らしていると（謙遜が美徳とされるため）「自分の素晴らしさ」を語ることは気恥ずかしく、自惚れていると思われるのではないか、調子に乗っていると見られるのではないか、などとソワソワしてしまうのではないでしょうか。でも、誰かに褒めてもらったり認めてもらうことに期待を寄せる前に、まずは自分で自分の素晴らしさを自覚することは、自己肯定感のアップにつながる大切なことです。やっているうちに、自然に笑みが顔に浮かんでしまうワークです。このワークを通じてセルフ・コンパッションを体感し、自信が生まれること、気持ちが満たされることに気づいていきます。

▼ ワークの流れ

①ペアになり（学級で行う場合には、できれば普段の仲良しグループ以外で組む）、椅子に座るか床にあぐら座になり、リラックス

②向かい合い、ペアのうち A、B を決める。
B が A に「あなたの素晴らしいところは
何ですか」と問いかけ、A は「私（ぼく）
の素晴らしいところは……」とはじめ、
1 つだけ答える。そして、B はまた同じ
質問「あなたの素晴らしいところは何で
すか」と問いかけ、A は「私（ぼく）の
素晴らしいところは……」とはじめ、新
しい答えを 1 つ言う。制限時間内いっぱい、
間髪を入れず次々とこの一問一答（同じ
問いに対して、違う答えを毎回言うよう
にする）を繰り返していく（3 分程度）

あなたの素晴らしい
ところは？

私の素晴らしい
ところは
ペットや植物の
世話をちゃんと
できることです

③交代する。今度は A が聞き役となり、B が自分の素晴らしさを伝える（3 分程度）

④（学級では）先生がベルや掛け声で時間終了の合図を送る。子どもたちは、前方の先生に
　向き直す

⑤体験をシェア

「やってみて、どんな気持ちになった？　何か気づいたことは、あったかな？」

★まとめと、ふりかえり

・自分自身の素晴らしいところを、次々とリズミカルに言えたかな？
・言っているとき、どんな気持ちになったかな？（こころに自信が生まれたかな？）
・相手の素晴らしいところを聞いているとき、どんな気持ちになったかな？（うれ
　しい、応援したい気持ちになったかな？）
・まずは自分で、自分の素晴らしいところをちゃんと認めていくことはこころの成
　長のために大切だよ。
・「色々なことがうまく行かない、もう駄目だ」、と思う代わりに、こんな風に自分
　にエールを送ってあげようね。
・どんなときにやったら良さそうかな？　ペアの相手がいない状況でも、自分だけ
　でできそうなことは？（例：代わりにノートに書く、など）
・（学級で行ったなら、宿題を出しても Good！：家族間でもやってみよう！）

ワーク 4-3 わたし、ぼくの世界

●ねらい・効果	自分の感情を客観視したり、その感情が一体どこから来るのか、リソース（理由・背景）を考える。客観的に自分の気持ちや行動を俯瞰し、ポジティブな出来事や気持ちも、ネガティブな出来事や気持ちも、両方とも自分の世界には存在することを実感する。ネガティブなことが起きているとき、怒りや恐れなどの激しい感情に見舞われているときに、冷静さを取り戻して乗り越えていくことを目指す
●適したタイミング	学活や夜間のリラックスタイム
●所要時間	30分
●準備するもの	ワークシート「わたし、ぼくの世界」[*1]（付録171頁）、筆記具

▼ ワークの簡単な説明

　自身の内面を観察しながら「わたし、ぼくの世界」シートを作る時間です。自分の体やこころの周辺には様々な要素があることを可視化します。そうすることで、良いときもあれば、そうでないときもあることを理解し、ネガティブな出来事や激しい感情にのまれない内面を作ることを目指します。

▼ ワークの流れ

①子どもたちは、白紙の「わたし、ぼくの世界」シートを机に用意、リラックス

②シートを自分で考えながら、埋めていく。作業を順に説明する

 「まず円の中央に、自分の名前を書こうね」「一段外側には、各欄に、『自分の気持ち』を書いていこうね（例：楽しい、ワクワクする、悲しい、辛い、悔しい、恥ずかしい、など）」

---

* 1　Daniel J. Siegel and Tina Payne Bryson, The Whole-brain Child: 12 Revolutionary Strategies to Nurture Your Child's Developing Mind, Bantam Books, 2012 p94 「The Wheel of Awareness（気づきの車輪）」のデザインを参考に筆者作成。

「さらに外側（外周）には、どういうときにそういう気持ちになるのか考えながら、リソース（背景や理由）を書いていこうね（例：スポーツを楽しむ、プレゼントをもらう、親と喧嘩をする、テストで間違える、など）」

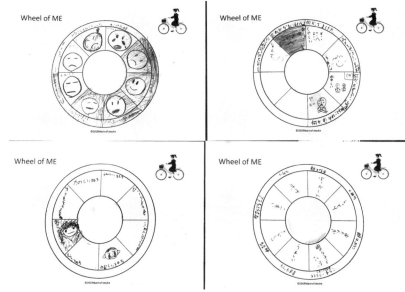

子どもたちが実際に記入したシート

③記入し終わったら、落ち着いてシートを眺めるための時間をとる

「ひとは、毎日、色々な気持ちを感じているよね」「良い気分のときもあれば、そうでないときもあるよね」「その両方が、みんな一人ひとりの、大切な『世界』だよ」「どちらか片方（良いことだけ、悪いことだけ）は、あり得ないよ」
「特定の気持ちには、なぜそれが起こるのか理由があるね」

④体験をシェア

「やってみて、どんな気持ちになった？　何か気づいたことは、あったかな？」

★まとめと、ふりかえり

・自分の世界には、良いこと（うれしい、楽しい）と、そうでもないこと（悲しい、悔しい）が両方あることが、理解できたかな？　それは、自然なことなんだよ。
・今回作ったシートは、どんなときに、使えそう？
・特に悲しいことや、辛いこと、ムカムカすることがあったときには、今回シートに書いたように、自分には良いことだって色々起きている（し、これからも起こる）ことを忘れないようにしようね。

ワーク 4-4 得意瓶

●ねらい・効果	自分ならではの長所や強みに目を向け、それらが他者の長所・強みとは異なる（＝異なっているのが良い）ことに気づいていく。自己肯定感や自己認識力の向上を目指すとともに、他人との差異を受け容れる。互いの長所や強みをどう生かして、より良いチームや社会を作っていくのか、建設的に考える力を育む
●所要時間	45分
●準備するもの	空の瓶や箱、紙片（子どもの人数×2～3枚）、筆記用具

▼ ワークの簡単な説明

　各自が自分で自負する得意なポイントや強みを書き、瓶に入れていきます。それを開封し、みんなそれぞれ異なる得意さや強みがあることに気づいていきます。もしみんなが同じ強みだったら、実はチームとしては強くなれません！　人と違うのは自然なことで、むしろそのほうが有益だということを学んでいきます。クラスメイトや自分の得意なポイントを組み合わせたらどんなことができそうか、ディスカッションも行います。多くの得意ポイントが集まった方が創造的になれるため、（家族間よりも）特に学級内でおすすめのワークです。

▼ ワークの流れ

①子どもたちは円の形で床にあぐら座もしくは体育座りでリラックス。その中央に瓶を置く

【ポイント】・参加者の人数に応じて、10人程度の小グループに分けると③と④が効率的に進みます！（グループの数に応じて瓶を用意します）

②紙片を配布、子どもたちは紙（1枚につき1点、2～3枚）に自身の得意なことや強みを考えて書き、半分か4つ折りにして瓶（や箱）に入れていく

【ポイント】・自信を持って記名するよう促しましょう！

③全員の紙が集められたところで、1つ1つ開封し、読み上げながら床に並べる

【ポイント】・人数の状況に応じて、「スポーツ」「勉強」などと、カテゴリー分けしたほうが次の作業が円滑に行きます！

・クラスの中から、その回の開封係をアシスタントとして任命しても楽しい雰囲気を作り出せます！

④紙に書いてある内容を組み合わせながら、互いの協力でどんなことができそうか、ディスカッションする

⑤ワークの体験をシェア

「やってみて、どんな気持ちになった？　何か気づいたことは、あったかな？」

★まとめと、ふりかえり

・自分自身の得意なことや強みを、ちゃんと書けたかな？
・書きながら、どんな気持ちになったかな？（こころに自信が生まれたかな）
・クラスメイトの得意なことや強みを知って、どんな気持ちになったかな？
・まずは自分で、自分の素晴らしいところをちゃんと認めていくことはこころの成長のために大切です。
・誰かの素晴らしいところをきちんと認めることも大切です。
・みんな同じ強みだったら、どうだろうね（それでは強いチームになれない。互いに補い合えるから、強くなれる）。
・誰かの素晴らしいところを認めて、楽しく協力できると、自分一人でやるよりももっと良い、大きなことができるね。

ワーク 4-5 自分応援レター

●ねらい・効果	自分に対する感謝や労いの気持ちを言語化する。（誰も応援してくれないと感じていても）手軽な形で、自分で自分を応援できることを知る。自己認識力や自己肯定感、幸福感や充足感の向上が期待できる。セルフ・コンパッションの手法を学ぶねらい
●適したタイミング	学活、自宅なら夜間のリラックスタイム
●所要時間	20分
●準備するもの	白紙1枚（コピー用紙、ノート、可愛い便箋などなんでも）、筆記具

▼ ワークの簡単な説明

　困難に見舞われると、自分なんか駄目だ、誰からも認めて（褒めて）もらえない、自分の存在なんてちっぽけ（もう消えてしまいたい！）、なんて思いつめて考えがちです。このワークでは自分宛ての手紙を書いていきます。自分の頑張りや、やってきたことをきちんと自覚し、感謝や励ましの言葉を自身に向けていきます。大切なことは、レターを書きながらこころとからだの反応や変化に気づいていくことです。学級で行う場合、自分で自分を応援する時間をとっていくことで、クラス自体が安心・安全な場となっていくことも期待できます。

▼ ワークの流れ

①子どもたちは、紙を前に、椅子に座ってリラックス

②ワークの説明をする

「生きていると、いつもいつも上手くいくことばかりではなかったりするね」「良いこともあれば、そうでないこともあって、それが自然な姿だよ」
「いま、辛いなぁと思っていたり、苦手なことばかりで自分は駄目だと思ったりしているかもしれないね」
「今日は、この時間を使って、自分宛てにお手紙を書くワークをしようね」
「怪我をしているお友達にお見舞いのお手紙を書いたりしたことはあるかな。携帯で簡単に連絡をとるのと、手紙を書いてあげたり送ってもらったりするのは、全然違う感覚だよね」

③取り組む時間（10分など）を決めて、子どもは、自分を応援する手紙を書いていく

「『頑張って』の一言ではなくて、いままでどんなことに努力して、ちゃんとやってきたのか考えよう」「具体的に書こうね」
「頑張っている自分に応援や尊敬や感謝の気持ちを込めて、書いていくよ」
「自分だけに向けたものなので、見せなくて（提出しなくて）大丈夫だよ」

④時間が来たら、筆記具を机に置いて、そのまま少しの間（1分程度）静かに手紙を読み返す

「読みながら、どんな気持ちになったか、後（のシェアの時間）で教えてね」

⑤体験をシェア

「やってみて、どんな気持ちになった？　何か気づいたことは、あったかな？」

⑥（学級で行う場合）先生はワーク後、自分応援レターは持って帰っても良いし、そのままリサイクルに回しても良いことを子どもたちに伝える。クラスが安心・安全な場であるよう提出はしなくても良い

★まとめと、ふりかえり

・応援や尊敬や感謝の気持ちを言葉に表して、自分へのレターを書けたかな？
・良い気分になれるね（自信がわく、うれしい気持ちになる）
・「自分は駄目だ」、「色々なことがうまく行かない、もう駄目だ」、と思う代わりに、たまには、こんな風に自分にエールを送ってあげようね。
・どんなときにやったらよさそう？（例：がっかりしたことがあったときに、いつでも自分を励ませる、など）

ワーク 4-6 : 頑張った自分ノート

●ねらい・効果	自分への応援や思いやり、感謝、労いの気持ちを言語化する時間を<u>定期的に持つ</u>。（誰も応援してくれないと感じていても）手軽な形で、自分で自分を応援できることを知る。自己認識力や自己肯定感、幸福感や充足感の向上が期待できる。セルフ・コンパッションの手法を学ぶねらい
●適したタイミング	学活など（今日・今週・今月など、クラスにちょうど良いタイミングで<u>定期的に</u>）、自宅なら金曜日や週末、月末など振り返りにちょうど良い日の夜間のリラックスタイム
●所要時間	10分
●準備するもの	（このワークのための<u>専用</u>）ノート、筆記具

▼ワークの簡単な説明

　このワークを通じて、定期的に自分の努力や工夫などを振り返り、認識して言語化することを習慣づけていきます。大切なことは、ノートに記録しながら、こころとからだの反応に気づいていくことです。「誰も認めて（褒めて）くれない」、「つらいことが起きている」と感じることは自然なことですが、きちんと自らを認め、応援する時間を定期的にとっていく癖をつけると、そんな困難期が来ても自分を励ましながら乗り越えていけると期待できます。自分応援のための時間を定期的に設けているクラスが、子どもたちにとって安心・安全な場となっていくことも期待されます。

▼ワークの流れ

（あらかじめ）、取り組む頻度を決めておく（毎日の下校前や夜間、1週間の締めくくり、1ヵ月の締めくくり、など）

①子どもたちはノートを前に、椅子に座ってリラックス

②取り組む時間を決める（例：10分程度）。子どもたちは、今日の／今週の／今月の「頑張ったこと」「努力したこと」「工夫したこと」などのハイライトを思い出し、好きなだけノートに書いていく

【ポイント】文章でも、箇条書きでも OK です！

「頑張りの「結果」がどうなったのか、は関係ないんだよ」

「学校やお家で、頑張ったこと、努力したこと「自体を」をちゃんと思い出して、書いていこうね」「頑張った自分ノートには、具体的に書いていこうね」

「頑張っている自分に応援や尊敬や感謝の気持ちを込めて、書いていこう」

「自分だけに向けて書いていこうね。見せないで大丈夫だからね」

2/5 ～ 2/12
・寒かったけど、野球の練習を1回もさぼらずにやった。
・今週は宿題を毎日できた。
・いつもはあまり話さない鈴木くんに、ちょっと話しかけてみた。

④時間が来たら筆記具を机に置いて、そのまま少しの間（1分程度）静かに書いた内容を読み返す。学級の場合は早めに読み返しが終わった子どもたちは、目をつむり呼吸をしながら静かに待つ

⑤1分程度経ったら、声やベルで合図する

【ポイント】もし学級での「頑張った自分ノート」づくりが毎月末の1回だけであれば、お家でも1日や1週間の締めくくりをできること、寝る前におすすめであることを伝えましょう！

★まとめと、ふりかえり

・（今日／今週／今月の）自分のふりかえりができたかな？

・「反省」の代わりに、「認める」「（お疲れさまの気持ちで）ねぎらう」ことを大切にして書いていこうね。

・「頑張った自分ノート」を作っていくと、どんな気持ちになるかな（良い気分になれる、自信がわく、うれしい気持ちになる、など）？

・自分をちゃんと定期的に応援していくことは、こころの成長のためにとても大切なんだよ。

・（学級で行う場合）教室以外だったら、どんなときにできそう？（例：がっかりしたことがあったときに家でも自分を励ませる、お母さんに教えてあげたら良いかも、など）

ワーク 4−7 ： 見え方は、ほんとうに 1つだけ？

●ねらい・効果	セルフ・コンパッションの実践。失敗や挫折（辛かった／悔しかった／情けなかった出来事）を思い返し、そんな気持ちになることもあると優しく受け容れること、感謝や学びの機会として捉え直すことを練習する。考え方次第で気持ちが回復することを学ぶ。自己認識力や回復力（レジリエンス）、自己肯定感の向上が期待できる
●適したタイミング	学活など、自宅なら夜間のリラックスタイム
●所要時間	15分
●準備するもの	ノート、筆記具

▼ワークの簡単な説明

　自分への応援や思いやりを前提としながら、失敗・挫折だと感じていることにもう一度目を向けてみます。失敗や挫折は生きていれば必ず起こることで、「辛い、悲しい、情けない」と感じることは人として自然なこと、それを否定しなくて良いのです。そう受け容れた上で、出来事をもう一度見返したとき、感謝や学びの機会といった別の見方ができるか考えてみます。将来、「辛い、悲しい、悔しい」気持ちに一旦はひたるとしても、その後で、スムーズに「回復」できるよう、自力で違う見方を持つためのワークです。

▼ワークの流れ

①子どもはノートを前に、椅子に座ってリラックス

②イラストを見せるか、黒板に絵を描く「これは何の絵かな？」

③ワークの内容を説明する

「パッとみて、アヒルだと思い込んでしまったかもしれないね。でも、実際には、ウサギ「でも」あるよね（右の絵は、人の顔とグラス）。こういう絵をだまし絵って言うんだよ」「同じように、ものごとも見え方は1つではないんだよ」

【ポイント】黒板に、コップに水の入った絵を描いても Good！「これしか無い」か「まだこんなにある！」かは、<u>見る人次第</u>です。

「失敗して思いどおりに成果が出なくて、辛い／悔しい／悲しい／恥ずかしい／情けないと思ったことがあったかもしれないね」
「先生も（ママも・パパも）たくさん失敗して、辛いなぁ、悲しいなあ、悔しいなぁと思ってきたよ」
「今日は、失敗したときに、自分をちゃんと応援するワークを練習しようね」

④子どもたちは、目つぶって3回深呼吸し、ワークをスタート
・失敗・挫折の経験を思い出して、まずは何があったのか<u>出来事を書く</u>（3分程度）
・その下に、そのとき<u>どんな気持ちになったのか</u>を書く（2分程度）

「辛い／悔しい／悲しい／恥ずかしい／情けない気持ちになるのは自然なことなんだよ。そんなとき、『あぁ、いま悲しいんだね』と自分に優しく寄り添ってあげようね<u>（負の感情を無理に我慢して押し殺さないこと、ただ、それを受け容れることを伝える）</u>」

・書いた内容をゆっくり見返す。「違う見方」ができるなら書いてみる（5分程度）

「さっきの絵と同じように考えてみよう。失敗や挫折だけなのかな。ゆっくりと読み返して考えようね。違う見方が見つかったら、一番下に書いていこう」
「感謝できるポイントがあったり、次は他のやり方でやってみようと思えたりするかな」

★まとめと、ふりかえり

・かつての失敗や挫折の思い出は、いまふりかえったら、違う見方もできるね。
・感謝の気持ちが起きたり、学びだと感じられるとき、出来事はどんな風に変化した？
・将来も、悔しい出来事や失敗は、生きていれば起こるだろうね。悲しい、悔しい気持ちになるのは当たり前だから、無理に我慢しなくて大丈夫だよ。「あぁ、いま悲しいんだね」という風に自分に優しく寄り添ってあげようね。
・辛い気持ちをそのまま受け容れる→違う見方ができるか考えてみる、をすると、がっかりした気持ちが早く前向きに、元気になれるんだよ。

ワーク 4-8 一息で、手放す

●ねらい・効果	セルフ・コンパッションの実践。自分は十分にやっていると認識する時間を持ち、自己肯定感の向上を目ざす。誰も認めてくれないと感じることがあっても、短時間かつ手軽な形で、自分で自分を認めながらリラックスできることを知る
●適したタイミング	学活、テストの直前・後など、いつでも必要と感じるとき
●所要時間	10分

▼ ワークの簡単な説明

　このワークを通じて、文字どおり「ほんの一息」入れながら、自分は十分やっているとちゃんと認め、実感していきます。子どもたちは、感受性の強さが繊細さと結びつき、親の期待（や価値観）を肌身で感じたり、同級生と比べたりしながら、自分なんてと卑下したり自信喪失したりするときがあります。すべて自分の力、自分次第、自己責任なんだと背負い込むことは、プレッシャーやストレスになり得ます。昔の人の知恵「人事を尽くして天命を待つ」のとおり、ほんの一息でこころが少しホッとします！

▼ ワークの流れ

①子どもは、起立するか椅子に座ってリラックスし、目をつむる

②ゆっくりと深呼吸をしながら、こころの中で唱える

「息を吸いながら→『自分は、精一杯尽くしたよ』と、こころの中で唱えようね」
「息を吐きながら→『あとは、お空にお任せ～！』と、こころの中で唱えようね」

【ポイント】片手を胸、片手をお腹に当てるのもリラックスできておすすめです！

③今度は子どもが、自分だけでメッセージをこころの中で唱えて実践してみる

【ポイント】一度だけではなく、気に入るようなら何度でもやりましょう！

④目を開ける。ワーク後のシェアをする

 「気持ちに変化はあったかな？」

★まとめと、ふりかえり

・どんな気持ちになったかな？　言葉で表現してみよう。
・１回の呼吸だけで、リラックスできるね。
・どんなとき、このワークができそう？
・「まだだめだ」、「まだ全然できない」「結果が出せないから自分はだめだ」とばかり思わないで、やっている／やってきた／頑張ってきたことは、こんな風に自分で認めてあげようね。
・十分に頑張っているよってちゃんと自分で受けとめてあげたら良い気分になるね。
・先生も（ママも・パパも）応援しているよ。同じように、自分でも自分のことをちゃんと応援してあげようね。

ワーク 4-9 色から力をもらう

●ねらい・効果	こころと体の癒し（リラクゼーション）、気持ちのリフレッシュ、前向き感アップが期待できる。自己認識力の向上もめざす
●適したタイミング	いつでも（夜、自宅で行うのもおすすめ）
●所要時間	5分程度（初回に説明した後は、3分程度）
●準備するもの	ベルやトライアングルなど（34頁参照）

▼ ワークの簡単な説明

　私たちは、色から様々な「印象」を受けています（赤は活発さ、青は冷静さ、など）。ここでは色を用いて、こころと体をリラックスさせ自身に癒しを届けるイメージワークをご紹介します。想像の中で色のシャワーをからだにしみわたらせると、こころがほっこり温かくなります。ストレスを感じていらだったり、がっかりすることがあったりしたときに自身を励ますことができることを体感していきます。ちょっとした行動で自分の気持ちは変わるのだと気づくことも期待されます。大人にもおすすめのワークです！

▼ ワークの流れ

①子どもたちは、椅子に座ってリラックス

②ワークの説明をする

「いまから色を使って、ゆったりした気持ちになるイメージワークをしていこうね」

③目をつむって3回深呼吸し、ワークをスタート

「深呼吸が終わったら、ゆっくりした呼吸を続けていこうね」
「これから、元気や優しさをもらえるような色を1色、イメージして使っていくよ。どんな色にしようかこころに決めようね」
「息を吸うときに、その色の空気が体に入ってくるのをイメージしてみよう（少し待つ）」
「その色がからだの中に注がれて、からだの中がその色でいっぱいになっていくよ（少し待つ）」

「色がさらに注がれてきて、からだ全体が、その色に包まれていくのを感じていこうね。色から、パワーとか優しさとか、いま必要な力をもらうイメージをしてみよう（少し待つ）」

「少しの間、その色に包まれたまま、呼吸を続けていこうね（少し待つ）」

④ベルを優しく鳴らして合図、子どもはゆっくりと目を開ける

★まとめと、ふりかえり

・どんな気持ちになったかな？
・色のついた空気にからだを包んでもらって、元気や優しさをもらう想像をしてみたね。効果を感じられたかな？
・想像力を働かせるだけでも、気持ちは切り替えられるね。
・自分一人でも、いつでもできるワークだよ。どんな状況のときに良さそうかな？

ワーク 4-10 : 応援してもらう

●ねらい・効果	身近な誰かや尊敬する誰か（あるいは大好きなペット）が自分のことを応援してくれていることを想像する。力がみなぎったり、愛情を実感してポカポカこころや体が温かくなるのを感じながら、自己認識力がアップ。孤独だと思い詰める代わりに、落ち着いて考えればちゃんと自分のことを応援してくれている人（動物）がいることや、自分の想像次第でこころをポカポカに温められることに気づく。セルフ・コンパッションの実践。安心感、自己肯定感の向上が期待できる
●適したタイミング	学活など／クラスの雰囲気が殺伐としていると感じるとき、孤独を感じたり、落ちこんだ気持ちのとき
●所要時間	20分
●準備するもの	ベルやトライアングルなど（34頁参照）
●付録	スクリプト（173頁）

▼ ワークの簡単な説明

　このワークでは、身近な誰か（おじいちゃん、おばあちゃんなど）や尊敬する人物（家族でなくても大丈夫です）、愛するペットたちに登場してもらいます！　特にがっかりすることや大きな孤独に見舞われたときには、たとえ想像であっても、愛や優しさを誰かからもらうことで、こころが温かくなり、力がみなぎるものです。じんわりした癒しの時間を子どものために用意できる学級や家庭は、彼らにとって、きっと安心・安全な場となっていくことでしょう。

▼ ワークの流れ

①子どもたちは、椅子に座ってリラックス。床にあぐら坐でも、寝っ転がっても OK

②子どもは目をつむる。ゆっくりと、言葉でリードする

　「まず、ゆっくりと自分のペースで深呼吸を3回していこうね（少し待つ）」
　「誰かに相談したいような辛い出来事、困ったこと、悲しいことがきっとあると思うよ。今日のワークでは、それをちょっと思い出していこうね」

「思い出して、もう一度その出来事を体験してみよう（少し待つ）」

「想像してみようね。みんなが大好きな家族、たとえばおじいちゃん、おばあちゃんや、尊敬する人や、親戚のひとや、ペットでもいいけれど、『大好きな誰か』が会いに来てくれるよ」

「いま一番聞きたいなぁと思っている、励ましの言葉や優しい言葉をかけてもらおうね（少し待つ）」

「そんな言葉をかけてもらって、どんな気持ちかな？」

「ゆっくりと、深呼吸をしながら、その気持ちを味わおうね（少し待つ）」

「会いに来てくれたひと、もしくはペットに、『ありがとうね』とこころの中でお礼を言おう。そして、こころの中で、笑顔でバイバイをしようね（少し待つ）」

③静かな間（ま）を持たせて、良さそうなタイミングでベルかチャイムなど余韻の長い音源を鳴らす。子どもは、その音を聞きながら、ゆっくりと目を開ける

④感想のシェア

★まとめと、ふりかえり

・大好きな誰かや尊敬する誰かに会いに来てもらえたかな？
・優しい言葉や励ましの言葉をかけてもらったとき、どんな気持ちになったかな？
　（ポカポカの温かい気持ちになったかな？）
・このワークは、一人のときでもできるんだよ。どんなときが良さそう？
・すごくつらいことがあったら、何でも先生（ママ・パパ）に言いに来てね。
・先生（ママ・パパ）はいつも応援しているよ。同じように自分でも、こんなワークをしてみたりして自分のことをちゃんと応援していこうね。

ワーク 4-11 外をマインドフルに歩く

●ねらい・効果	足の裏や歩きグセ、左右の違いなど、いままで無意識だった自分のことに気づきながら、自己認識力を上げるねらい。集中力・注意力のアップも期待できる。大いなる自然とのつながりに気づき安心感を得る。心身のリフレッシュも望める
●適した場所	屋外（校内や公園内など、交通の安全が確保されている場所）
●適したタイミング	学活や体育、週末
●所要時間	25分程度（週末はいくらでも！）
●準備するもの	特になし（基礎ワークとして、ワーク2-2から2-4を体験しておく）

▼ ワークの簡単な説明

　散歩で何気なく歩くのとは異なり、このワークでは、「歩く作業をする自身」に全身全霊の意識と集中を注いでいきます。ゆっくりじっくりと歩みを進める自身の動きや体重移動などの観察は、基礎としてワーク2-2から2-4にかけて練習しました。今回のワークは、その発展系。外の景色を味わいながら、その中にいる自分の歩みに集中する時間です。季節の移ろいや、自然と大いなる自分がつながっていること、自然に人間が守ってもらっていることなどにも気づきが広がるなら、花マルです！

▼ ワークの流れ

①子どもたちは外に集合。背中はまっすぐ、膝は少しだけ緩め、体の筋肉はリラックスしながら起立する

【ポイント】ひざは、"くの字"までは曲げない。背中ピーンとがんばるのではなく、自然で楽な姿勢を意識します！

②今回のワークと普通の散歩がどう違うのか明らかにしつつ、何をするのかを説明。子どもたちは合図で、<u>歩くことに注意を向けながら</u>歩く

【ポイント】初回は（以前の歩くワークの復習として）みんな一緒に一列か二列で歩いていきます。慣れたら、次からは個別にそれぞれが思う方向に歩いてみます。

「散歩は、ただ歩くだけ。このワークは、歩いている自分を感じたり、好奇心を持って自然の景色を味わう時間だよ」

「以前やったワーク（2-2から2-4）と同じ要領で、今回は実際に外を歩いてみようね」「おしゃべりはしませんよ」

（個人で歩く場合には、以下も加える）

「お友達と一緒には歩きませんよ。ただ一人で、思うがまま、校内を歩いてみようね」

③15～20分ほど経ったら、ベルかチャイムを鳴らすか声かけをして、子どもたちに終わりを知らせる（あるいは終業のベルから15～20分前のタイミングで、歩き始めるようにしても良い）

④子どもたちが集合、その場で感想をシェア

★まとめと、ふりかえり

・歩くこと「だけ」に集中しながら、目では外の景色を新鮮な気持ちで楽しめたかな？

・「歩いている自分」そのものを感じられた？　ほかには、どんなことを感じたかな？

・ワークの後、気持ちは変化したかな？（リラックスできた？　リフレッシュしたかな？）

・一人でもできるワークです。どんなときにしたら良さそう？（大人は一般道でもできますが、交通の危険があるため、子どもたちの登下校中は積極的にはおすすめしません。校内や公園の中など、安全が確保された場所でワークしましょう）

パート2／マインドフルネスとEQのワークを実践してみよう　121

ワーク 4-12 星を見上げる

●ねらい・効果	嫌な人間関係、出来事にこころが捉われているときに、広い視野を持ったり、宇宙のスケールの大きさ（＝自分の小ささ）に気づくことで、安堵や安心感、自己肯定感の向上や気持ちのリフレッシュ、前向き感アップが期待できる
●適した場所	屋外
●適したタイミング	夜間（必ず周囲の環境に気を配り、安全を確保した上で大人と子どもが一緒に行いましょう）
●所要時間	好きなだけ

▼ ワークの簡単な説明

　「見上げてごらん　夜の星を」で始まる歌（永六輔作詞）が60年代に流行しました（その頃は、筆者もまだ星の１つでした！＾＾）。このワークはただ星を眺めるだけのものですが、大きな気づきを得られることでしょう。イライラしたり、もやもやしたり、クヨクヨしたり……ネガティブな気持ちのときは、大抵の場合、地面を見て暮らしているものです。そして小学生でもモバイルを持ついま、下を向く時間は増える一方です。ちょっとしたことですが、視線を上にして広い宇宙スケールで物事を考えられたら、気にしている色々なことは、案外大したことじゃないと感じられ、気持ちが楽になるかもしれません。ちょっとした行動で自分の気持ちは変わるのだと気づきながら、気持ちはセルフメンテできることを学んでいきます。

▼ ワークの流れ

①子どもたちは起立のままでも良いし、地面にあぐら坐になったり、横になるなどして心地よい体勢をつくる

②ただ、星を眺めてみる

・宇宙の大きさや自分の存在の小ささ

・壮大な宇宙の歴史

・星や惑星は常に動いている：いま見ている夜空は、一瞬一瞬が移り変わりであるということに想いを馳せてみる

【こんなこともできる！】冬の夜空を眺めるなら、北極星を探してみましょう！

・北極星は天体の中で唯一、（地球から見て）動いていない「不動の星」です。

・地球から見て、北極星を中心として他のすべての星が動いています。

・そういうことを知って北極星を眺めるとき、どんな気持ちになるかな？

（③個人で夜間に行うことを想定していますが、林間学校など、クラスみんなでこのワーク
　ができるなら、感想や気づきをシェア）

★まとめと、ふりかえり

・夜空を眺めてみて（冬空なら北極星にも注目して）どんな気持ちになったかな？

・ちょっと外で星を見ただけで、気持ちがリラックスして楽になることに気づいた
　かな？

・数えきれない星が空にはあります。地球は１つの惑星に過ぎません。宇宙の大き
　さで物事を考えたら、クヨクヨ・モヤモヤすることやガッカリすることに変化が
　ありそう？

・嫌なことや辛いことがあっても、ちょっとしたことならこんな風に自分で気持ち
　を切り替えられるよ。

・深刻なときは、我慢しないでママ（パパ・先生）に言ってね。

ワーク 4-13 太陽とハートを結ぶ

●ねらい・効果	自己肯定感の向上や癒し、気持ちのリフレッシュ、前向き感アップが期待できる
●適した場所	屋外
●適したタイミング	学活あるいは体育（晴れた日）、週末
●所要時間	3分程度

▼ ワークの簡単な説明

晴れた日に太陽に顔を向けると、それだけで明るく元気な気持ちになりますが、このワークでは、顔だけではなくハートを太陽に向ける意識を持ちます。太陽のエネルギーをいただいて、ハートに注ぐイメージです。開放感があって気分がリフトアップしますし、ちょっとした行動で自分の気持ちは変わるのだと気づくことも期待できるワークです。

▼ ワークの流れ

①子どもは、太陽を向いて立つ

②息を吸って腕は大きく天に広げ、ハートを太陽に当てるイメージをする

 「太陽から金色のエネルギーをいただいて、ハートに注ぎ込んでみよう」

③そのまま、腕を大きく天に広げたまま、3回ほど深呼吸する

★まとめと、ふりかえり

・どんな気持ちになったかな？

・ちょっとお外で太陽を胸に当てただけで、元気な気分になったり、前向きな気持ちになることに気づいたかな？

・自分一人でも、いつでもできるワークです。どんな状況のときに良さそうかな？

ワーク 4-14 ：世界でひとつのアート

●ねらい・効果　（課題無しで）自由に自己表現しながら、一人ひとりが独自のアーティストであると自覚することで、自分の感性や感覚を信じる力や自己肯定感の向上、癒し、気持ちのリフレッシュ、前向き感アップが期待できる。特定の色彩や形から気持ちが影響を受けることに気づくことで、自己認識力の向上も目指す

●適したタイミング　学活あるいは図画工作の授業、週末や自宅での夜のリラックスタイム

●所要時間　45分程度

●準備するもの　画材（できれば自然素材で、心地よく使えるもの）

▼ ワークの簡単な説明

　自由に紙に自己表現することは、小学校を卒業すると大幅に機会が減ってしまうのではないでしょうか。特に中学生以上におすすめのワークです（小学生でももちろんできます）。アートは右脳を刺激して発想力を開放し、自分の感性を知るのに有効とされています。美術の課題を上手にこなしたり、描く技法を上達させたりすることが根本的な目的ではありません。指を使ったり、自分ならではの道具を使ったり、色と戯れたり、いまの気持ちを絵に表したり。そこから自分の感性や気持ちに気づくことが期待できます。また描く以前に、ただ自由に色や形と遊ぶ楽しさを体験するだけでも、気持ちの疲れを取ることができます。

▼ ワークの流れ

①子どもたちは画材を机の上に起き、椅子に座ってリラックス

②趣旨を説明したのち、子どもたちがアートワークをスタート

「この時間は、いつもの図画工作（美術）の時間とは異なっているよ」

「『上手に』描こうとしないでね。細かい技術的なことにとらわれなくて大丈夫。写生はしませんよ。おしゃべりも、しません」

「提出しなくても大丈夫だよ。自分の発想で、好きなように表現してみようね」

・好きなように紙に気持ちを表現するとき、<u>どんな気持ちになるか</u>、気持ちチェックも行います。

・その他、どんな色を使うとき、どんな図形を描くときに、ワクワクしたりうれしい気持ちになるか（また逆の気持ちが起こるか）、気持ちチェックをしていきます。

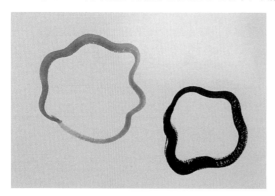

「ふんわりしたもの」を描くとき、どんな気持ちになるかな。
色の濃い、薄いで感じ方は違うかな。

格子も素敵なかたち。ふんわりと比べると気持ちが随分違うね。
（実際に、緊張する気持ちに気づけるはずです）

にじみを、わざと作ってみよう。
きっちり塗り分ける必要はありません。

上からパシャッとはねさせるのもいいね。

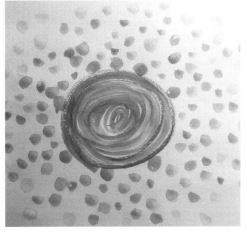

（絵はすべて一般社団法人 heARTfulness for living 協会にて作成）

この絵のタイトルは、「木」。

③時間が来たらベルかチャイムで、あるいは呼びかけて知らせる。子どもたちは、少なくとも3分間くらい、描いたものを静かに眺める。終わったら、画材を片付ける

★まとめと、ふりかえり

・それぞれの紙に、みんなの自由な絵がお花のように咲いているね。みんな一人ひとりが、世界中の誰とも違う、オンリーワンのアーティストだよ。（このメッセージがとても大切です！）先生はみんなの絵を見て、褒めることも注意することもありません。先生の価値観や好みとは関係なく、みんなが自分で感じて、描きたいと思った絵であることが大切だからです。

・このワークの間、どんな気持ちになったかな？

・クラスメイトの絵を見て、どんな気持ちになったかな？

・画材があれば、自分一人でも、いつでもできるワークです。どんな状況のときに良さそうかな？

ワーク 5-1 「その気持ち、わかる！」

●ねらい・効果	「共感」について理解・体感するのがねらい。誰かの「痛い」や「美味しい」は、<u>自己認識（自己体験）</u>があるからこそ理解できることを知る。人生の色々な体験こそが豊かな人生をもたらすことを学び、ネガティブ体験にも良い面があることを学ぶ
●適した年齢	（目安として）小学校中学年以上
●所要時間	20分
●準備するもの	誰かが痛さ、美味しさなどを経験しているサンプル画像（ネット上の著作権フリーサイト等から入手する）

▼ ワークの簡単な説明

　「人に共感する」とはどういうことなのか体感するためのワークです。このワークでは、画像を眺めて、登場人物と自分が同じ気持ちになることを体感します。自分が経験豊かな（美味しい、楽しい、痛い、辛い、などを知っている）ほうが、ほかの人に対して色々な「共感」を寄せられることを理解していきます。良い経験も、そうでない経験も、共感力があがる機会であることを、ディスカッションをしながら学ぶワークです。

▼ ワークの流れ

①子どもたちは、椅子に座ってリラックス

②ワークの説明をする
（カードを見せながら、）

　「このカードを見て、みんなの中にはどういう気持ちが起こるかな」

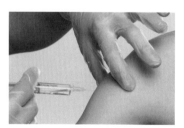

　（アイスクリームだったら）「美味しそう」「冷たそう」「あまーい」

128

（注射だったら）「痛そう！」「怖い！」

「みんながいま発言してくれた気持ちは、実は、みんなが『いままで経験したことがあるから』わかることなんだよ」
「じゃあ今度は、『月』で暮らすってどんな感じかな？」
「（笑顔で）月に住んだことがある人はいるかな？」
「経験したことがないから、（無重力で気持ち良さそうなど、想像はできるけれど）その『感じ』は本当にはわからないのです」

③クラスでディスカッション

「こういう風に、自分が経験したことだからこそ、どんな感じなのか理解することができるんだよ。相手と同じ気持ちになれる、ということだね。この力（共感力と言います）は、とても良いものです。どうして良いことなんだろうね？」

「楽しい話を聞いたら、自分も楽しくなれる」

「悲しい話や大変だった話を聞いたら、相手を励ましてあげられるかも」

【ポイント：想像力＆実体験と共感の関係性について】
「想像力」があれば「○○だろうなぁ」と誰かの気持ちや体験に近づくことができ、共感が持てます。想像力は、ある程度似た実体験があるから起こりますが、もし相手と同じ実体験があれば「（その気持ち）わかる！」とすぐに同じ気持ちになることができます。想像力も実体験も共感を生みますが、実体験のほうがダイレクトに相手にアプローチすることになります。相手も同じ実体験に基づいて共感してもらうほうが（あなたもだったのか……）と、より深いつながりを持てます。

「この力は、どうやったらもっとアップすることができると思う？」

「もっと色々なことを、自分自身が経験する」

★まとめと、ふりかえり

・相手と同じ気持ちになれる（相手の気持ちがわかる）のは、自分も同じ気持ちを持った経験があるからです。
・良いことだって、そうでないことだって、経験するのは素敵なことです。たくさん経験すればするほど、誰かと同じ気持ちになれるよ。
・良いことだけを経験したい気持ちもわかります。でも、良くない経験をしたことで、同じ経験をしている誰かに優しさを分けてあげることもできます。

ワーク 5-2 ： 共通点を見る

●ねらい・効果	「共感」について理解・体感するのがねらい。他者は自分とは元々違う存在、でも共通点（状況、気持ち）があることを見つけていく。共感力と自己認識力アップが期待できる
●所要時間	45分
●準備するもの	白紙、筆記具

▼ ワークの簡単な説明

「誰かに共感する」ことの手始めとして、相手と自分との共通点を探し、認識していきましょう。人間関係を構築する上で、相手が自分の期待通りにならない怒りやフラストレーション、ストレスはつきものですが、このワークでは他者はそもそも自分とは違うということを認めつつ、でも、互いに共通する点に目を向けて、「他人事」ではなく「自分事」として考えるための「こころの幅」を広げることをめざします。

▼ ワークの流れ

①子どもたちは、二人組で椅子に座ってリラックス

②ワークの説明をする

「私たちは、みんな違う人間なので、考え方や、願い、やりたいこと、欲しいものなど、それぞれみんな違っているね」
「でも、今日は、お互いの共通点について目を向けていくワークをしていこうね」

③まずは子ども同士で、互いに共通する「こと」を見つけ、紙に書いていく。なるべく多くリストアップすることを、めざす（10分）
（すべて事細かに説明せずに、軽いヒントを出す程度にしましょう）

「家族構成、例えば、兄弟の数や、住んでいるところはどうかな？」
「会話をしながら、共通のことをたくさん見つけていこうね。相手に、これが共通じゃないかな？ と想像しながら聞くと見つかりやすいかもしれないね」

【ポイント】その他には、年齢、習い事、服装、性別、得意な科目、などもありますね。会話の進み具合を見て、要所要所でヒントを小出しにしてもOK！

④今度は互いに共通する「気持ち」を会話から見つけ、紙に書いていく（15分）

「『共通する<u>こと</u>』がたくさん見つかってどんな気持ちになったかな？」

「それでは、今度は『お互いに共通する<u>気持ち</u>』を探してみます」

「いま、どんな気持ち？」

「どんなときに、楽しい！　って感じているんだろう？」

「どんなときに、うれしい！　って感じているんだろう？」

「悩みはどんなことかな。どんなときに、辛いとか、悲しいとか、感じるのかな？」

「ほかにどんな気持ちを感じていて、どんなときにそれが起こるのかな？」

　会話をしながら、お互いにどんな「気持ち」が共通するのか探していきます。もし相手の話に、自分も「わかる、自分にもそれがある！」と感じたら、紙に書いていきます。

⑤各チームでどんな「同じこと」と「同じ気持ち」が見つかったのか、クラスで発表する

★まとめと、ふりかえり

- ・クラスメイトと共通する「こと」が見つかって、どんな気持ちになった？（お互いに普段より、もっとわかった気持ちになった？）
- ・クラスメイトと共通する「気持ち」が見つかって、どんな気持ちになった？（共通する「こと」だけより、もっと<u>深く</u>わかった気がする？）
- ・気持ちのわかり合いを、「共感」と言います。
- ・共感があると、うれしい気持ちは増える、減るどちらだと思う？（増える）、悲しい気持ちは増える、減るどちらだと思う？（減る）
- ・考え方や意見が誰かと違うのは、違う人間なので当たり前のことだね。違って当たり前なので、反発したり喧嘩せずに、受け入れて尊重し合うことが大切ですね。お互いに深くわかり合うと、尊重し合うことができます。

ワーク 5-3 一緒にアート

●ねらい・効果　希望や意見の違いがどういうことなのかを理解・体感するのがねらい。相手に気を遣ったり遠慮したりせずに、自分の思うようにアートに取り組む。相手（も、思うようにアートに取り組む）の選択や希望を、大切なペアの相手として温かく見守る練習をする。楽しく時間や作品を共有しながら、相手の希望も尊重する。共感力や協調性、自己肯定感、自己認識力アップが期待できる

●所要時間　　　45分

●準備するもの　画用紙（もしくはスケッチブック）、画材

▼ワークの簡単な説明

　二人一組で、アートに取り組む時間です。パパ・ママと子どもの親子ペアにもおすすめなワークです！　時間ごとに絵筆はペア相手の元に。自分も遠慮する必要はなく、相手も遠慮する必要はありません。時間と作品を共有しながら、相手の選択や希望を尊重することは（勝ち負けではなく）楽しいということを学んでいきます。それぞれの思いを紙の上に表しながら「あぁ、相手はこうしたいんだな」と温かく尊重し合い、協力することと、合同アート作品づくりを楽しむ時間です。「こころの幅」を広げることを目指します。

▼ワークの流れ

①子どもたちは、二人組で椅子に座ってリラックス

②ワークの説明をする

「私たちは、みんな違う人間なので、考え方や、願い、やりたいこと、欲しいもの、などがみんな違っているね」
「特に、自分と違う意見や願いを聞くと、否定したくなります」
「今日はアートに取り組みながら、否定する必要はないということを学んでいこうね」

③まずは子どものうち一人（A）から、アートワークをスタート

「話し合いはしません。トップバッターAさんは、自分の描きたい情景を描いていこうね」「見守るほうは、口を出しません。ただ、好奇心で見守っていきますよ」

④（5分後）交代する

「Bさんは、Aさんが描いた絵をみて、そこからヒントを得て描きたい情景を同じ紙に描き加えていこうね」

⑤（5分後）さらに交代する

「Aさんは、作品全体をみて、Bさんに続けて描きたい情景を同じ紙に描き加えていこうね」

⑥（5分後）さらに交代する

「交代です。Bさんが絵筆を握るよ」

⑦声やベルで合図し、子どもたちは筆／画材を置く。子ども同士で、どんな思いでその情景を描くことにしたのか話し合う

「相手の話をよく聞いて（どんな気持ちでその情景を描こうと思ったのか、よく理解します）、「友好的に」話し合おうね（自分はこうしたかった！　余計な描き足しをした！　という言い合いはしませんよ）」

★まとめと、ふりかえり

・一緒に1つのアートを描いていって、どんな気持ちになったかな？

・自分が思っているのとは違うストーリーを、相手は描いたでしょう。サプライズがあったかな？

・相手がいるので、自分が描いていこうと思った内容とはどんどん違う方向にいったでしょう。例え思いどおりにいかなくても、その相手と一緒だからこそ描けた、オンリーワンのアートになりましたね。

・考え方や意見が誰かと違うのは、違う人間なので当たり前のことなんだよ。違って当たり前なのだから、反発したり喧嘩せずに、受け入れて尊重し合うことが大切ですね。お互いに深くわかり合うと、尊重し合うことができます。

ワーク 5-4 ： 「みんなで」一緒にアート

●ねらい・効果	希望や意見の違いがどういうことなのか理解・体感する狙い。善意がどういうことなのかを体感する。相手に気を遣ったり遠慮したりせずに、自分の思うようにアートに取り組む。他者（も、思うようにアートに取り組む）の選択や希望を、大切なチームの一員として温かく見守る練習をする。楽しく時間や作品を共有しながら、他者の希望も尊重する。共感力や協調性、自己肯定感、自己認識力アップが期待できる
●所要時間	45分
●準備するもの	画用紙もしくはスケッチブック、画材

▼ ワークの簡単な説明

　クラス全員が、一人のために合同アート作品を作っていくワークです。3人以上の家族でも楽しくできるワークです！　短い時間で画用紙はどんどん回っていき、最終的にはクラス全員の手を経て戻ってきます。自分も、誰も、遠慮する必要はありません。最終的に自分の手元に戻ってきたアートを眺めつつ、「それぞれが良かれと思って、こんな風に思い思い描き足してくれたのだ」と受け止めていきます。協力することと、合同アート作品づくりをみんなで楽しむ時間です。「こころの幅」を広げることを目指します。

▼ ワークの流れ

①子どもたちは、円形に座ってリラックス

【ポイント】ここでは例として、それぞれの画用紙に取り組む時間を「3分」としています。
　　　　　　全体の作業時間÷3（分）＝何人の輪にすればよいか、予め計画しましょう！

②ワークの説明をする

「私たちは、みんな違う人間なので、考え方や、願い、やりたいこと、欲しいもの、などがみんな違っているね」
「特に、自分と違う意見や願いを聞くと、否定したくなります」
「今日はアートに取り組みながら、否定する必要はなく、それぞれの希望や想いをそのまま受け入れることを学んでいこうね」

③子どもたちは、まずは自分自身のアートワークの「描き初め」をする

「話し合いはしません。<u>名前は描きません</u>」
「自分の描きたい情景やもの、人物を描いていきます」

④（3分後）子どもたちは合図で、自分の画用紙を「右隣」のクラスメイトに回す

「描いてある情景（やもの、人）をみて、そこからヒントを得て、描き加えていこうね」
「時間が短いので、山ほど描き加える必要はありません。描き終わってなくても合図で回していこうね」
「誰かの大切な作品なんだという意識を忘れずに。回ってきた作品を<u>もっとよくする意識</u>で、描き足していこう。わざわざグチャグチャにしたりいままでできたワークを塗りつぶしたりは、しません」

⑤（3分後）また、手元の画用紙を「右隣」のクラスメイトに回す
・④と同じ作業を、続けていく

⑥本人の手元に戻ってきたら終了
・仕上がってきた絵を、眺める
・どんな気持ちになる？　自分が描こうと思ったのと、全然違うものになったのでは？

★まとめと、ふりかえり ・・・・・・・・・・

・一緒に1つのアートを描いていきました。手元にみんなが描いてくれた絵がやってきて、どんな気持ちになったかな？
・次々に回ってくるクラスメイトの絵に「もっとよくな〜れ」と願って描いたね。どんな気持ちになったかな？
・自分が思っているのとは違うアートを、みんなが描いてくれたでしょう。サプライズがあったかな。考え方や意見が誰かと違うのは、違う人間なので当たり前のことです。
・例え自分が最初に思い描いたとおりに完成しなくても、みんなと一緒だからこそ描けた、オンリーワンのアートになったよね。
・みんながそれぞれ、手元の絵がもっとよくなるように、という気持ちで描いてきたね。それを、「善意」と言います。
・それが、絵で表されました。「良かれと思ってそうしてくれたんだね」とそれぞれの気持ちを受け入れて尊重し合うことが大切だよ。
・どんな状況のときに、このクラスで習ったことが活かせそうかな？（例：誰かと意見がぶつかったとき、相手の「善意」を意識できると自分が落ち着ける、喧嘩をしなくて済む、など）

ワーク 6-1 「怒り（いか）リレー」のバトンを受け取らない

●ねらい・効果	感情の自己調整力アップを目指す。怒りの感情について、冷静な気持ち（理性）で道のりや原因、対処を話し合いながら理解を深める
●適したタイミング	学活や、自宅でくつろぐ時間（夜）など
●適した年齢	小学校中学年以上（クラスの様子によっては低学年でもOK）
●所要時間	30〜45分

▼ ワークの簡単な説明

　怒りはとても強い感情です。ムカムカした気持ちや怒り、イライラは一体どこからくるのでしょう。誰かの意地悪い一言、ムッとさせられる態度などの「外野」が100％悪いのだと思いがちですよね（こんなことを言われた、こんな目にあった）。でも、怒りが発生するのは自分のこころの中。もし、誰かから回ってきた怒りのきっかけ（怒りのリレー＝「怒りレー」）を自分でストップさせることができるとしたら……？　バトンを受け取るのも、受け取らないのも、自分自身。そんなことをクラスで話し合ってみましょう。教室だけでなく、家庭で親と子で話し合うこともできます！

▼ ワークの流れ

①子どもたちは、椅子に座ってリラックス

②ワークの説明をする

「今日は怒りについて、みんなで話し合おうね」
「ふだん、みんなはどんなときに怒ったり、ムカムカしたりするのかな？」

【ポイント】ワーク1-1の犬のカードもしくはワーク1-2の天気のカードの「怒り」を使うのもGoodです！

③子どもたちは自由に発言する（以下のような発言が想定されます）

欲しいものを買ってもらえないとき／事情を説明しているのに（自分だって一生懸命やっているのに）、遮られて親から怒られるとき／同級生から意地悪い言葉をぶつけられたり、行動をされたとき、など

④怒りは自分の中で発生することや、（単なる精神論ではなく）<u>体にもあまり良くないこと</u>を説明。違う方向から物事を見て状況を切り替えられるよう、話し合いをリードしていく

「みんなは、親や同級生が全部悪いんだって思うかもしれないね」

「でも、怒っているのはみんな自身です。みんなの中で起こることだよね」

「怒ることは自然なことです。でもしょっちゅう激しく怒ると、実は体にすごく負担がかかります（心臓が早くなる、血圧が上がるなど）。こころも疲れちゃうよね」

「<u>先生はみんなに元気でいて欲しいので、今日から、違う見方をしていって、出来るだけ穏やかで楽しい時間を過ごして欲しいと思っています</u>」

「自分は悪いことをしていないのに、誰かからきついことを言われたり意地悪をされると怒りたくなるよね」

「実はひとは怒っていると、<u>ついつい</u>その怒りを他の人にぶつけてしまうことがあります。リレーのように回ってくるので、怒りレーと呼ぶこともできるね！」

「そんなとき、そのひとはどうしてきついことを言ったり、意地悪をしたりするのかなって考えたことはあるかな？」

（子どもたちに、意見や感想を言ってもらう）

「怒りレーのバトンが回ってきたとき、バトンを受け取らないようにするにはどんな風にしたら良さそう？　ただ、無視する？　やられっぱなし？　なんて言う？」

（子どもたちは意見を交わす：「喧嘩はしたくない」と穏やかに言う、など）

★まとめと、ふりかえり

・怒っているひとから、「怒りレー」のバトンが回ってくることがあります。

・ひとそれぞれ複雑な事情があって、みんなは悪くないのに、怒りが飛んでくることもあります。

・そんなとき、自分の中で起こる怒りに早めに気づきたいね。気がつけるなら、そこからどうしようかなと静かに考えられるかもしれないね。

・一緒になって自分も怒ってしまうと結局まわりの人に怒りレーのバトンを回すことになっちゃうよね。

・怒りレーのバトンをそのまま受け取らずに、例えばクラスメイトの事情を想像して、「あの子はいつも大人に叱られて／我慢が多くて／忙しくて、かわいそうだな」などと思いやってあげられそうかな。そうしたら、自分のところでリレーがストップしますね。

ワーク 6-2 「ムカムカ子犬」を手なずける

●ねらい・効果	感情の自己調整力アップを目指す。怒りやイライラの感情に気づいたら、深呼吸をしながら自らを落ち着けることができることを知る
●適したタイミング	学活や、自宅でくつろぐ時間（夜）など
●所要時間	20分（初回の説明をした後は、次からは3〜5回の呼吸で自分でできる）
●準備するもの	ベルやトライアングルなど（34頁参照）

▼ ワークの簡単な説明

　ムカムカした気持ちや怒り、イライラは生きていれば起こるものです。その負の感情を否定する代わりに、その気持ちを受け容れ、深呼吸で対処することを学びます。そうして、怒りでパンパンにふくらんだこころをクールダウンさせるための「スキ間」を設けることをめざします。イメージワークをご紹介していますが、話し合いの授業にもおすすめの内容です。

▼ ワークの流れ

①子どもたちは、椅子に座るか、立ってリラックス

②ワークの説明をする

　　「生きていると、ムカっと来たり、イライラしたりすることもあるよね」
　　「先生（パパ・ママ）もそう思うことがたくさんあるよ！」
　　「その気持ち自体は自然なこと。無理にダメ！　と言い聞かせたり、我慢したりしなくて大丈夫」
　　「でも、ムカっとしたり、イライラしたりすると、実は自分が疲れちゃうよね」
　　「今日は記憶を思い出しながら、今後ムカっと来たりイライラしたりするときにどう取り組むか、一緒に練習しようね」
　　「みんな、ワンちゃんは好きでしょう？　今日のワークでは、こころの中でかわいい子犬に登場してもらうからね」

【ポイント】ワーク1-1の「犬のカード」（怒りわんこのカード）を使うのもGoodです！

③子どもたちは目をつむる。先生や保護者も、リードしながら<u>一緒に</u>ワークする

「まずは深呼吸を3回しようね」

「いまから、前にあったことで、ムカついたりイライラした出来事を思い出してみよう」

「思い出すことで、もう一度、ムカついたりイライラするかもしれません」

「それを否定しないで、そのまま気持ちも思い出していきます（少し待つ）」

「そしたら、そのムカムカする気持ち、イライラする気持ちに対して、こころの中で子犬にしてあげるみたいに、「いいんだよ、大丈夫だよ、よしよし」となでなでしてあげます」

「なでなでしながら、深呼吸をゆっくりと何回かしていこうね（少し待つ）」

「なんで、自分はムカムカしたりイライラしているんだろうなあ、と考えてみよう（少し待つ）」

「言い返したり、やり返したりしたら、それでハッピーになれるのかな？　考えます（少し待つ）」

「ベストな自分だったら、どんな風に解決するのかな？　考えます」

【ポイント】ワークの代わりにどうしたらムカムカやイライラを自分で鎮められそうかディスカッションするのも Good です！

④ベルを鳴らすか声をかける。子どもたちはゆっくりと目を開ける

★まとめと、ふりかえり

・前に経験したムカムカやイライラをもう一度思い出して、どんな気持ちになったかな？

・そのムカムカやイライラに、深呼吸で「よしよし」をして、気持ちに変化があったかな？

・ベストな自分だったら……って考えたときは気持ちの変化はあったかな？

・怒る気持ちやイライラする気持ちを、「そんなのはダメっ！」と無理に押さえつけると、余計にイライラします。

・深呼吸で「よしよし」するだけで、少し時間がかかっても、段々と気持ちを落ち着かせることができますよ。

・落ち着いてきたら、言い返したり、やり返したりするのが本当に解決になるのか、ちょっと考えてみようね。

・みんな自分の「ベストな自分」って知っているでしょう？　おだやかで、やさしくて相手のことも考えられる、そんな自分ってどう？　すてきだね。深呼吸をした後で、そんな自分だったら何て言うだろう？　どうするだろう？　って考えてみると気持ちが落ちついていくよね。

・一人でもできます。同じように、ムカムカ・イライラが起きたら、喧嘩をする前に、「子犬ちゃん、よしよし」と深呼吸してみようね。

大丈夫だよ
よしよし

ワーク 6-3 : ピンクのシャボン玉に、「またね！」

●ねらい・効果	感情の自己調整力アップを目指す。失望や怒りやイライラの感情、傷ついた気持ちに気づけたら、それを自分から手放してセルフケアできることを学ぶ
●所要時間	10分（初回の説明をした後は、自分で1分程度でできるワーク）

▼ ワークの簡単な説明

　がっかりしたり怒ったりイライラしたり、傷ついて落ち込むことは生きていれば起こるものです。その負の感情を否定する代わりに、ピンク色のシャボン玉に封じ込めてしまいましょう。シャボン玉は風に乗って空に飛んで行ってしまいます。それに向かってこころの中でかける言葉は、（あー、せいせいした、ではなく）「またね、バイバイ！」。その後の気持ちの変化を観察していきます。ちょっとした気持ちの持ちようや想像力で、負の感情を握り締めずに、自分で手放せることを学びます。家庭でも、親と子で気軽に練習しながらセルフメンテしていってくださいね。

▼ ワークの流れ

①子どもは、立ってリラックス（座っていてもOK）

②ワークの説明をする

「生きていると、がっかりしたり怒ったりイライラしたり、傷ついて落ち込むこともあるね」
「ママ（パパ・先生）もそう思うことがたーくさんあるよ！」
「自然なことなので、無理にダメ！　と言い聞かせたり、我慢したりしなくて大丈夫」
「でも、そういう気持ちって辛いよね。今日はピンクのシャボン玉を使う魔法のワークをしてみようね」

③子どもは目をつむる。先生や保護者がリード
（ただ読むだけではなく、ゆっくりと語りかけながら大人も一緒に覚えて吸収していきます）

「まず深呼吸を３回していこうね」
「いまから、最近や過去にがっかりしたり、ムカついたりイライラしたり、傷ついたりした出来事を１つ思い出してみようね」
「思い出すことで、もう一度、そのときと同じ気持ちになるかもしれないね」
「そしたら、その気持ちを、ピンク色の大きなシャボン玉に入れちゃおう」
「そのシャボン玉は軽いので、風に乗って空に飛んで行くよ」
「シャボン玉を下から見送りながら、笑顔で『またね、バイバイ！』と手を振る想像をしてみよう（想像しにくい、あるいはいやな気持ちが強く、シャボン玉が飛んで行きにくいときは、いやな気持ちを握りしめるイメージで一旦拳を握り、手を上向きにパッと開いて、シャボン玉が勢いをつけて空に飛ぶイメージをする）」

④ベルか声の合図で、子どもはゆっくりと目を開ける

★まとめと、ふりかえり

・いやな気持ちを、ピンクのシャボン玉に入れて、飛ばしていったよね。どんな気持ちになったかな？
・シャボン玉が飛んでいくとき、いやな気持ちには「あー、せいせいした」って思うかもしれないけど、その代わりに笑顔で「またね、バイバイ！」と見送ったよね。どんな気持ちがしたかな？
・いやな気持ちに、「そんなのはダメっ！」と押さえつけたり、無理に忘れようとしたり、避けようとしたりすると、余計に辛い気持ちになるんだよ。
・いやな気持ちにも、笑顔で優しく「またね、バイバイ！」と言ってあげると、気持ちがスッキリするし、優しい感じがするね。
・一人でもできます。同じように、いやな気持ちが起きたら、ピンクのシャボン玉に入れて飛ばしてしまおうね。

ワーク 6−4 : 誰かに友達エネルギーを送る

●ねらい・効果	コンパッション（自分の智慧を取り入れた思いやり）について理解・体感しながら、感情の自己調整力アップも目指す。相手が好きな相手かそうでない相手かに関わらず、<u>自分からは揺らがずにポジティブな気持ち（エールのようなもの）を送る</u>ことで実は自身の気分がよくなることを学ぶ。相手の態度や言い方で感情をぶれさせることなく、自分発で、こころの安定が図れ、前向きで明るい気持ちになれることを学ぶ
●適したタイミング	午前（朝一番が理想的）からスタート
●適した年齢	小学校中学年以上（クラスの様子によって低学年でもOK）
●所要時間	その日1日（要領を理解したあとは、行いたいときにいつでも自分でできる）

▼ ワークの簡単な説明

　自分が好きな仲の良い誰かにも、「普通」（無関心）の誰かにも、苦手に感じている誰かにも、<u>自分から</u>「応援する、友達エネルギー（エール）」を送ってみるワークです。ひとは相手の言動次第で気持ちが揺らぎがち。でも、自分からは常にポジティブなエールを誰かに送ることで、実は自身の気分が良くなると学んでいきます。もちろん、親子でも一緒にできるワークです！（その場合には朝に会話をし、子どもは学校、大人は職場などで終日ワークの練習をし、晩に振り返りの会話をするのがおすすめです。）

▼ ワークの流れ

①子どもたちは、椅子に座ってリラックス

②ワークの説明をする

「学校には、みんなが大好きで仲の良いお友達と、「別に、普通〜」「よく知らな〜い」と感じるクラスメイトたちと、苦手と感じているクラスメイトたちがいるんじゃないかなあと思うよ」
「先生（パパ・ママ）の人間関係にも、色々なタイプのひとがいるよ！」
「そう思うのは自然のことだし、無理に全員を好きにならないといけないわけでは

ありません」

「でも、誰かが苦手だとか嫌いだとか、別に関係なーいって思う気持ちって、どう？
楽しいかな？　今日は1日、クラスの全員に対して『応援の友達エネルギー』を
送ってみるワークをしてみようね」

「今日1日、これから近くの椅子に座っ
ている同級生、廊下ですれ違う子たち、
トイレを使うときに会う子たちなど、自
分の目に入る相手に対して、好きだから、
嫌いだから、と条件をつけずに、こころ
の中で『応援しているよ。がんばって！』
という気持ちを送っていきます。先生
（パパ、ママ）も、まわりの人たちに同
じことをするね」

「どうだったか、今日の夕方に（家庭であれば、晩に）みんなで話し合おうね」

③夕方（終わりの会）にクラスでシェアリング、どんなことに気づいたり感じたりしたか話
し合う

★まとめと、ふりかえり

・今日は、自分が好きなのか、そうでないのかに関係なく、目に入るみんなに「応
　援しているよ。がんばって！」の気持ちを送ってみましたね。どんな気持ちに
　なったかな？

・相手の態度や自分との仲や付き合いに関係なく、「応援しているよ。がんばっ
　て！」のエールを送ると、それだけで気持ちがよくなるね。

・誰かにエールを送ることは、「相手に何かを上げてしまう（Give）＝自分が失っ
　てしまう」のではなく、実は良い気持ちや優しい気持ちを「相手からもらえて
　（Receive）」いるんだよ。

・（学級で練習する場合は、宿題もおすすめ！）今日、帰り道で見かける、自分と
　は特に関係ない人（店舗のスタッフ、道路の通行人、工事の作業員など）に対し
　て、「応援しています。がんばってください！」の気持ちを送ってみようね（会
　話する必要はありません）。そのときにどんな気持ちになったか、明日みんなか
　ら聞かせてもらうね。

ワーク 7-1 ： 感謝のくさり

●ねらい・効果	ゆったりとリラックスして「感謝」の気持ちにひたる。幸せ感や自己認識力、他者への思いやりや共感力などのアップが期待できる
●適したタイミング	学活や図画工作など
●所要時間	45分程度
●準備するもの	「くさり」を作るための短冊状の用紙、のり、筆記具、その他画材やシールなど（個性を出すのにおすすめです！）

▼ ワークの簡単な説明

　普段の忙しさの中で、感謝は何気ない動作になってしまいますが、「見える化」してきちんと認識をすることで「ちゃんとまわりに応援してもらっている」「愛や優しさをもらっている」と自覚でき、幸せ感アップや自己肯定感アップが期待できます。感謝すると自身が良い気分になれると気づくことで、「不平不満のタネ」の代わりに自ら積極的に「感謝のタネ」のほうを探せるようになり、ポジティブさや幸福感をさらに高めることができます。

▼ ワークの流れ

（予め）教室の中央に机を合わせワークステーションとして、のりや画材などを載せておく
①輪の形に机をレイアウト、子どもたちは座ってリラックス

②ワークの説明をする

「みんなは普段、あまり考えずに何気なく『ありがとう』って言うことが多く、特に家族には、『ありがとう』が恥ずかしくて言えていないこともたくさんあるよね」
「今日は、『ありがとう』のエピソード（いつ、誰が何をしてくれて、自分は感謝の気持ちを持ったのか）を一人１枚、短冊に書いていこうね」
「文章だけでも、絵だけでも大丈夫。ミックスもいいね。自由に表現します」
「出来上がったら、教室の真ん中に持ち寄って、のりで輪にしてくさりを作っていこう」

③各自の短冊を作る
・シールを貼ってデコレーションしても個性が出て Good！

144

④短冊の用意ができたら、教室中央のワークステーションに持ち寄って、のりで輪にしてつなげていく

【ポイント】後で眺めたり教室に飾ったりできるよう、文章や絵などを<u>書いた面がオモテとなるよう輪にします</u>！

⑤全員分のくさりが出来上がったら、背の高い子ども2名が両端を持ち（もしくはどこかに貼り付けて）、みんなで鑑賞する。感想をシェアする

★まとめと、ふりかえり

・今日は、「ありがとう」のエピソードを思い出しながら短冊を作っていったね。どんな気持ちになったかな？

・みんなそれぞれ、感謝しているエピソード（出来事）が違うみたいだね。

・それぞれのエピソードを見て、どんな気持ちになるかな？

・みんなそれぞれが感じている1つ1つの感謝の出来事が、つながって長い鎖になりました。眺めてみて、どんな気持ちになる？（例：感謝の気持ちが集まっているのが見えて、自分もうれしい・幸せな気持ちになる、など）

ワーク 7-2 ｜ 3つの感謝

●ねらい・効果	1日の振り返りをし、「感謝」の気持ちにひたる。他者への思いやりや幸福感、自己認識力などの向上が期待できる。寝る前にこころがほっこりと、リラックスできるので、入眠しやすくなる、ぐっすり眠れるなどの効果も期待できる
●適した場所	特に、自宅がおすすめ（校内でもできる）
●適したタイミング	寝る前がおすすめ（下校の前でもできる）
●所要時間	5分程度
●準備するもの	筆記具、このワーク専用のノート（継続のため）

▼ ワークの簡単な説明

　普段の忙しさの中で、（こころのこもらない「ありがとう」を言ってしまうなど）感謝は何気ない動作になってしまいます。でも、きちんと認識をするひとときを1日の締めくくりとして生活リズムに取り入れることで、「ちゃんとまわりに応援してもらっている」「愛や優しさをもらっている」と自覚でき、幸福感や自己肯定感、自己認識力、充足感の向上が期待できます。感謝することで（不平不満を感じたり言ったりするよりも）自身が良い気分になれることに気づくと、日々、自ら「感謝のタネ」を探せるようになり、ポジティブさや幸福感をさらに高めることができます。先生や保護者の方々ご自身にも、ぜひ日常に取り入れていただきたいワークです。

▼ ワークの流れ

①子どもは椅子に座ってリラックス

②ワークの説明をする

　　「今日から、『ありがとう』のエピソード（いつ、誰が何をしてくれたことに感謝の気持ちを持ったのか）を3つ、ノートに書いていこうね」
　　「あまり長々と詳細には書かなくて大丈夫。でも後で読み返したときに何のことかわかるように、短くシンプルに書いていこうね」

③子どもは、ノートに「ありがとう」のエピソードを書き入れる（5分～10分程度）

【ポイント】（オプション）絵を加えたりシールを貼ったりして自分なりにデコレーションしても楽しい気分になり、お気に入りのノートになるので Good です！

④今日の「ありがとう」のエピソードが3点書けたら、静かに読み返す。必要であれば、書き足したり直したりする

【ポイント】ワーク4-6「頑張った自分ノート」と組み合わせて、1冊のノートに感謝する3エピソードと、頑張ったポイントを一緒に書き連ねるのも Good です！

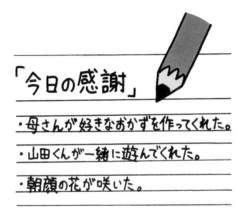

★まとめと、ふりかえり

・「今日の「ありがとう」のエピソード」を探しました。ノートに書いていったとき、どんな気持ちになったかな？
・感謝することを書いていくと、うれしくて優しい気持ちになるね。
・次々と3つ見つかったかな？　もっと書けるのにって思った？　それとも難しかったかな？
・3つもないと感じても、ちゃんと探すと見つかるはずだよ。続けると、もっともっと簡単に見つかるようになっていくよ。毎晩続けて書いていこうね。

ワーク 7-3 : 感謝 de 一歩一歩

●ねらい・効果	体を動かしながら「感謝」の気持ちにひたる。幸福感や自己認識力などの向上が期待できる
●所要時間	10分程度（初回の説明後は、5分程度）

▼ ワークの簡単な説明

　普段の忙しさの中では、（ついぶっきらぼうに「ありがとう」と言ってしまうなど）感謝は何気ない動作になってしまいがち。このワークでは、具体的な一人の対象に意識を集中して感謝の気持ちを送り、体の動きと結びつけて感覚をさらに深めることをめざしています。歩きながら行えますので、登下校のシーンなどで、簡単に日常生活に取り入れることができるワークです。感謝することを通じて、幸福感や愛されている・守られているという実感が増えることに自ら気づけるなら、（実際には感謝したくなるような出来事が特に起きていなくても）今後は自発的に「感謝のタネ」を見つけたり、感謝のひとときを設けたりして自ら気持ちを上向かせることができます。外部環境に押されてストレスを溜め込みがちな先生、ママ・パパにもぜひ生活に取り入れていただきたいワークです！

▼ ワークの流れ

①あらかじめ始点・終点となる目印（椅子や机など）を3メートルほど離して設置。子どもたちは起立し、リラックスして待つ

【ポイント】家庭で行うなら、壁から壁まで、など適当な距離をとればできるワークです！

②ワークの説明をする

「今日は、歩きながら感謝をするワークをしてみようね。誰に感謝の気持ちを向けたいか考えましょう」
「始点から終点に向かって、ゆっくりと歩いていくよ」
「一歩歩くたびに、その相手を思い浮かべながら、『〇〇さん／くん、ありがとう』とこころの中でメッセージを送っていこう」

③子どもたちは深呼吸を3回してから、歩き始める

「急がなくて良いよ。ゆっくりと歩いていきます」
「一歩歩くときに『ありがとう』、また一歩歩くときに『ありがとう』と、1回1回、相手を思い浮かべながら、こころの中でメッセージを伝えていくよ」

【ポイント】感謝を思い浮かべる対象として、初回は誰か身近な人がおすすめですが、反復練習する中で、対象となる出来事や、動物（ペット）、もの（買ってもらったもの）などに広げながら練習することができます！

④子どもたちは終点に着いたら始点側に向きを変え、立ったまま目をつむり3回深呼吸

「深呼吸をしながらこころの中で、その相手がこれからも元気でいてくれますように、楽しいことうれしいことがいっぱいありますように、無事でいてくれますように、と願いを込めようね。その相手に会えてうれしい、や、大好き！　といったメッセージを思い浮かべてもいいですよ」

⑤子どもたちは終点から始点まで③と同様に、対象者への感謝を一歩一歩歩くたびにこころの中で唱えながら、戻ってくる

「急がなくて良いよ。ゆっくりと自分のペースで歩いていって大丈夫」
「一歩歩くときに『ありがとう』、また一歩歩くときに『ありがとう』とこころの中でメッセージを伝えていこうね」

★まとめと、ふりかえり

・感謝を込めて歩くことで、どんな気持ちになったかな？
・このワークは、自分からうれしい気持ち、幸せな気持ちを作る効果があります。今後どんなときに、自分からできそう？

ワーク 8-1 良いパワーを交換する

●ねらい・効果	気分がリフレッシュするのみならず、定期的に練習することで、自己肯定感や自己効力感、自信が芽生え、幸福感がアップすることが期待できる。自分から進んでまわりのために良いことをしていく、という利他の気持ちの醸成も期待できる
●適した場所	太陽の下がベスト、できれば屋外がおすすめ
●所要時間	10分程度（初回に説明した後は、3分ほど）
●準備するもの	ベルやトライアングルなど（34頁参照）

▼ ワークの簡単な説明

　簡単な呼吸を使って、「善意はめぐる」ことを体感できるよう意図したワークです。「良いパワー」を誰かから（あるいは自然から）もらい受け、それを今度は自分発でまわりに放つイメージングをします。もらうばかりではなく、まわりに分けてあげることで自分自身の気持ちが上向くことに気づいていきます。まわりを思いやる力を育むために、日頃から「自分はまわりから力をもらい、自分の力をあげることもできる」「自分を通じて世の中はもっとよくなり得るし、善意で役に立って行きたい」という発想を得ておくことは本当に大切です。幸福感や自己肯定感、自己効力感（自分の存在は無意味、なんかではないですよね！）を上げるワークとして、先生や保護者の方々など大人にもおすすめできるワークです。

▼ ワークの流れ

①子どもたちは屋外で起立してリラックス（晴れた日であれば太陽のほうを向く）

②ワークの流れを説明する

「今日は、みんなが世の中から素敵なパワーをもらって、そしてみんなが今度はそのパワーを世の中にお返しするイメージワークをやってみようね」
「みんなのまわりには、優しい人や賢い人や強いこころを持った人など、いいなぁ、素敵だなぁと思うひとがいるでしょう。自然の美しさにも感動するよね」「ゆっくりと鼻から息を吸うときに、ひとや自然から、そういう良いパワーをたくさんもらって吸い込むイメージをします。金色の空気や、ダイヤモンドのようにキラキラ輝く空気を想像すると良いかもしれないね」

「息を吐くときには、自分の中の良いパワー（優しさや勇気、思いやり）をまわりに届けてあげるイメージをしてみようね」

③子どもたちは目をつむって、空のほうに顔を向ける

 「まず3回、みんなで一緒に深呼吸をしていきます」
「深呼吸ができたら、普通よりゆっくりした呼吸を続けようね」
「初めだけ、リードするね」「腕を広げて、息を吸って……世の中から良いパワーをたくさん吸い込んで体にしみわたらせます」「息を吐いて……自分の中の良いパワーがブワッと広がって飛んでいきます」
「あと4回、自分のペースで続けていくよ（少し待つ）」

④ベルを鳴らして合図、子どもたちはゆっくりと目を開ける

★まとめと、ふりかえり

・この呼吸のワークをして、どんな気持ちになったかな？
・誰かをお手本として、良いパワー（素敵なところ）をもらって吸収して、自分からも良いパワーをたくさんまわりにあげました。
・こんな風に、パワーはもらったりあげたりし合うことができます。
・もらうだけじゃなくて、自分のパワーをあげるとき、どんな気持ちになったかな（良い気持ちになるのに気づけたかな）？
・自分から何かをしてあげると、自分も良い気分になれるよ。
・実際に誰かが困っているとき、今度は想像だけではなくて行動で自分のパワーをあげましょう。そうしたら、いまみたいに、相手だけじゃなくて自分だってうれしい気持ちになります。

ワーク 8-2 優しさのくさり

●ねらい・効果　ゆったりとリラックスしながら、誰かに「優しいこと（親切）」をする
　　　　　　　　ときの気持ちにひたる。他者への思いやりや利他の気持ちを学ぶ。幸
　　　　　　　　福感（誰かのために親切にしたり、優しい気持ちを持ったりすること
　　　　　　　　は自身の幸せ感アップにつながります）や自己認識力、共感力の向上
　　　　　　　　などが期待できる

●所要時間　　　45分程度

●準備するもの　「くさり」を作るための短冊状の用紙、のり、筆記具、その他画材や
　　　　　　　　シールなども個性が出ておすすめ

▼ ワークの簡単な説明

　ワーク7-1「感謝のくさり」のバージョンアップです。7-1では、してもらったことへの感謝を紙に表しましたが、ここでは「誰かにしてあげたい」優しい行い（親切）をマニフェストするワークとなります。短冊に書き入れながらきちんと認識をすることで、「自分の力で誰かを助けたり、幸せにしてあげたりできる」「自分はまわりに愛や優しさをあげられる存在だ」と自覚でき、幸福感や自己肯定感の向上が期待できます。また、クラスメイトがそれぞれ宣言している優しさや親切の内容を眺めることも良い刺激となり、幸福感をさらに高めることができます。ファミリーにもおすすめですが、特に学級で行うとクラス全体で何を大切な価値観としているかが見える化され、一体感が高まることが期待されるワークです。

▼ ワークの流れ

①輪の形に机をレイアウト、子どもたちは座ってリラックス

②ワークの説明をする

「みんなは普段、どんな親切や優しいことをまわりにしてあげているかな？」
「電車やバスでお年寄りや妊婦さんがたまたま近くにいたら、席を譲ってあげるでしょう？」
「それも大切な親切ですが、今日は「たまたま」や「頼まれたから」ではない、自分から積極的に誰かにしてあげたい優しさ（親切）を、一人1枚短冊に書きます」
「出来上がったら中央に持ち寄って、のりで輪にしてくさりを作っていきます」

③深呼吸を3回し、各自の短冊を作り始める

「自分発で、誰に、どんな風に優しくしてあげたいのかな。深呼吸を3回して、少し考えてみよう」

・絵を加えたりシールを貼ったりしてデコレーションしても個性が出てGood！

④短冊の用意ができたら、部屋の中央に持ち寄って、のりで輪にしてつなげていく

【ポイント】後で眺めたり教室に飾ったりするため、書いた面がオモテとなるよう輪にします！

⑤全員分のくさりが出来上がったら、背の高い子ども2名が両端を持ち（もしくは天井近くなどに貼り付けて）、みんなで少しの間鑑賞する。感想をシェアする

【ポイント】時間に余裕があるなら（長い時間をとっているなら）、それぞれがマニフェスト内容を発表し合うと、温かくて良い時間になります！

★まとめと、ふりかえり

・今日は自分から誰かのためにしてあげられる優しさについて考えて、短冊に書きました。自分の短冊を作っている間、どんな気持ちになったかな？
・みんなそれぞれ、届けたいと思っている優しさ（親切）が違うみたいだね。
・みんなのエピソードを見て、どんな気持ちになるかな？
・みんなそれぞれの、積極的に届けてあげたいと思う優しさ（親切）が、つながって長い鎖になりました。眺めてみて、どんな気持ちになる？（例：優しさが集まっているのが見えて、自分もうれしい・優しい気持ち・幸せな気持ちになる、など）
・みんなで今日紙に表した内容が、本当に実現したら、どんな世の中になるだろうね。
・一人が願うよりも、みんなで願いを合わせるほうが大きく世の中がよくなるよね。

ワーク 8-3 ： 優しい気持ち de エアキャッチボール

●ねらい・効果	体を動かしながら「感謝」「優しさ」「励まし」など、相手を思いやる気持ちをポジティブ言葉にのせて誰かに送る、誰かから受け取る。思いやりが道徳の世界だけでないことを体得する。幸福感や自己認識力などの向上も期待できる
●所要時間	クラスで行うなら20分程度〜
●準備するもの	なし（ボールは、実際には使わない）

🔻 ワークの簡単な説明

　このワークでは、「エア」のキャッチボールをします。ボールは使わずに、誰かに感謝したり優しい言葉を送る感覚、そういった言葉を誰かから受け取る感覚を、体の動きと結びつけながらさらに深めていきます。思いやりは、「人として、そうすべき」という道徳の分野を超えるものです。感謝の気持ちや優しい言葉を誰かに伝えたり、誰かから受け取ったりする喜びを実感することで、日頃からそれを取り入れると自他ともに気分良く過ごせると気づくことができます。クラスでは先生も子どもたちに混ざってご一緒にどうぞ！　親子でもぜひ体験いただきたいワークです。

🔻 ワークの流れ

①子どもたちは4〜6人くらいの小グループになり、ある程度のスペースを確保して立ってリラックス

②「エア」ボールを手に持って（いるふりをして）ワークの説明をする

「今日は"このボール"を使って（ドリブルするふりをするなど楽しい雰囲気で）、お互いに感謝の気持ちや優しい気持ちをあげあうワークをしようね」
「まずは言葉を伝える相手の名前を言って、投げつけるのではなく"エアで"ふわっと投げ上げながら、感謝の言葉や褒める言葉、応援する言葉を伝えます（初回は例として、先生がデモンストレーションをするのも Good です！）」
「ボールの様子をよく見て、大きく投げられたなら合わせて後ろに下がって、しっかりと「エア」でキャッチするよ！」
「エアボールを受け取ったら、また誰か他の人の名前を言って、エアで投げながら

感謝する言葉や優しい言葉、褒める言葉を伝えます」

「足の下から投げあげたり、回りながら受け取ったりと、クリエイティブにやろうね」

「このボールは見えませんが、かなり軽いボールです（紙風船のように）。ふんわりと、ゆっくりやりとりしようね」

③子どもたちは互いに言葉を伝えながら、エアでキャッチボールをする

【ポイント】時間をたっぷり取りながら途中でシャッフルして、新しいグループ分けをするのも Good です！

④声で合図し、子どもたちはエアキャッチボールを終了

★まとめと、ふりかえり

・優しさや、感謝や励ましのエアボールをもらったとき、どんな気持ちになった？

・そういう言葉を誰かに送ってあげるとき、どんな気持ちになった？

・もらうだけじゃなくて、送ってあげるときも良い気持ちになるのに気づけたかな？

・このエアキャッチボールで感じたことを、普段どうやっていかせそう？（自分から進んで誰かに優しい言葉や励ましをちゃんと言ってあげる、など）

ワーク 8-4 自分発で良い世界を作る

●ねらい・効果	「辛い状況のとき、自分が誰か（あるいは、みんな）を助けることができたときの気持ち」をイメージする。コンパッションを体感する。結果的に自己肯定感や自己効力感、自信が芽生え、幸福感がアップすることが期待できる。自分から良いことをしていく、というモチベーションのアップも期待できる
●所要時間	クラスで行うなら15分程度
●準備するもの	ベルやトライアングルなど（34頁参照）

▼ ワークの簡単な説明

　ワーク 8-1 「良いパワーを交換する」の上級編です。こころの中で、自分が辛い状況にある誰か（あるいは、みんな）を助けることを感覚でとらえ、結果として自分自身の気持ちも上向けることができるワークです。誰かが辛い状況にあるときに、思いやりの気持ちを持って助けの手を差し伸べることができるのは素晴らしい人間力です。そのためにも、実際にそういった状況が発生する前段階として、「自分を通じて、世の中はもっとよくなる、なり得る」という気づきや発想を得ておくことはとても大切です。自己肯定感や自己効力感（自分の存在は無意味、なんかではないですよね！）を上げるワークとして、先生や保護者の方々など、大人にもおすすめできるワークです。ぜひお一人でも、子どもと一緒でもご体験ください。

▼ ワークの流れ

①子どもたちは椅子もしくは床に座ってリラックス

②ワークの説明をする

「みんなは、誰かが大変な状況や辛い状況にあるときに、『わぁ大変だ、なんとかしてあげたい』って思うよね？」
「でも一方で、自分の助けなんて必要とされていないかも、や、かえって迷惑になっちゃうかも、と思って躊躇したり遠慮したりするときもあるかもしれないね」
「実際に誰かが困っているときに、行動で助けてあげることは本当に素晴らしいことです。今日のワークはその練習として、自分発で世の中がもっと良い場所になる

ことをイメージしてみようね」

③子どもたちは目をつむる

「3回、深呼吸をしましょう（少し待つ）」

「深呼吸が終わったら、いまから言う言葉をこころの中でイメージしていこうね」

「誰かが困っている状況を思い浮かべます。自分の家族やお友達でも、たまたま浮かんできた有名人のような人でも、誰でもいいよ。ワークを練習するだけだから、そんなに深刻な状況じゃなくて大丈夫です」

「呼吸をしながら、鼻で息を吸うときにその人の大変な状況を自分が吸い取ってあげて、口から吐くときにはキラキラ輝く、綺麗な空気にして世の中に返してあげている様子をイメージしてみよう」

「少しこの呼吸を続けていきます（少し待つ）」

「大変な状況だった人は、あなたが辛い状況や気持ちを吸い取ってあげたことで、どんな風に変化しそうかな」

「あなたの体からは、息を吐くときにキラキラの綺麗な空気が出ていきます。それを感じるとき、どんな気持ちかな。観察してみよう（少し待つ）」

④ベルを鳴らして合図、子どもたちはゆっくりと目を開ける

★まとめと、ふりかえり

・どんなことに、気づいたかな？

・誰かを助けてあげるために、困った状況を吸い取って、代わりにキラキラな綺麗な息を吐くイメージをしました。自分を経由して、綺麗な空気が出てきました。どんな感じがしたかな？

・以前は、自分の力なんて大したことない、と思っていたかもしれないね。気持ちに変化はあったかな？

・実際には、みんなのおかげで助かる人が将来出てきます。そのためには、どんなことが必要だろう？（例：自信を持つ、自分にはその力があると知っておく）

・誰かを助けられることは素晴らしいことです。でも、助けられるか、助けられないか、が根本的に一番重要なわけではありません。誰かが必要としているときに助ける意思を持っていることや、自分にも誰かを助けられると知っていることが一番重要です。

マインドフルネス／自己認識　モチベーション　共感　自己管理　他者への思いやり

ワーク 8-5 / こころでハグ

●ねらい・効果	自分が、辛い状況にある誰か／みんなのことを助けることができたときの気持ちがどのようなものかを体感し、コンパッションについて学ぶ。結果的に自己肯定感や自己効力感、自信が芽生え、幸福感がアップすることが期待できる
●所要時間	クラスで行うなら15分程度
●準備するもの	ベルやトライアングルなど（34頁参照）

🔻ワークの簡単な説明

　8-4「自分発で良い世界を作る」の展開バージョンです。こころの中で、辛い状況にある誰か（あるいは、みんな）を自分が助けることを感覚でとらえ、結果的に自分の気持ちも上向けることができるワークです。誰かが辛い状況にあるときに、助けの手を差し伸べることができるのは素晴らしい人間力です。そのためにも、実際にそういった状況が発生する前段階として、「自分を通じて、世の中はもっとよくなる、なり得る」という気づきや発想を得ておくことは本当に大切です。自己肯定感や自己効力感（自分の存在は無意味なんかではないですよね！）を上げるワークとして、先生や保護者の方々など、大人にもおすすめできるワークです。

🔻ワークの流れ（教室で行う場合）

①子どもたちは椅子もしくは床に座ってリラックス

②ワークの説明をする

「みんなは、誰かが大変な状況や辛い状況にあるときに、『大変だ、なんとかしてあげたい』って思うでしょう」
「でも一方で、自分の助けなんて必要とされていないかも、や、かえって迷惑になっちゃうかも、と思って躊躇したり遠慮したりするときもあるかもしれないね」
「実際に誰かが困っているときに、ちょっとした行動でも助けてあげようとすることは本当に素晴らしいことです。今日のワークはその練習として、<u>自分発で世の中がもっと良い場所になる</u>ことをイメージしてみようね」

③子どもたちは目をつむる

「3回、深呼吸をしましょう（少し待つ）」
「深呼吸が終わったら、いまから言う言葉をこころの中でイメージしていこうね」
「誰かが困っている、辛い思いをしている状況を思い浮かべます。自分の家族やお友達でも、たまたま浮かんできた有名人のような人でも、誰でも大丈夫だよ」
「自分がその人に近寄って行って、そっと優しい言葉をかけてあげます。どんな言葉かな？」
「言葉をかけてあげたら、そっとその人を優しくハグ（抱っこ）してあげようね」
「ゆっくりと呼吸をしながら、優しいハグを続けます（少し待つ）」
「大変な状況だった人は、あなたから言葉やハグをもらって、どう変化していくかな」
「いま、どんな気持ちかな？　観察してみよう（少し待つ）」

④ベルを鳴らして合図、子どもたちはゆっくりと目を開ける

★まとめと、ふりかえり

・どんなことに、気づいたかな？
・辛い状況の人・困っている人に対して、優しい言葉をかけてあげて、そっと優しいハグもしてあげました。どんな気持ちになったかな？
・以前は、自分の力なんて大したことない、自分の存在なんて役に立たない、と思っていたかもしれないね。気持ちに変化はあったかな？
・実際には、みんなのおかげで助かる人が将来必ず出てきます。遠慮したり躊躇したりしないで勇気を出して助けてあげるためには、どんな準備が必要だろう？
（例：自信を持つ、自分にはその力があると知っておく）
・誰かを助けられることは素晴らしいことです。でも、助けられるか、助けられないか、が根本的に一番重要なわけではありません（助けたくても助けてあげられない状況もあります）。誰かが必要としているときに助ける気持ちを持っていることや、自分にも誰かを助ける力があると知っていることが一番重要です。

ワーク 8-6 「秘密の」お手伝い

●ねらい・効果	誰かへの思いやりを実際の行動で示し、支えてあげることが自身の喜びとなることに気づくことがねらい。自己肯定感や自己効力感、利他の気持ち、自信が芽生え、幸福感がアップすることが期待できる
●適したタイミング	いつでもできる（学級全体のストレスがアップする出来事があるタイミングなどは特におすすめ）
●所要時間	1週間（月曜日の朝から開始すると良い区切りとなる）や3日間など適宜決める
●準備するもの	紙片、全学級分（サポート相手を記すため）

▼ ワークの簡単な説明

　学級だからこそできるグループワークです。特定の誰かを支援することに取り組み、結果的に自分の気持ちも上向かせられることが期待されます。クラスの中で、誰が自分の秘密のサポーターなのか知らないまま、1週間（例）を過ごしていきます。たまに、誰かが親切をしてくれますが（サポーターがほかの子どもに委託しているため）真のサポーターは誰だかはわかりません。同時に、自分も工夫しながら陰でサポート相手を喜ばせ、励ますためのお手伝いに取り組みます。自分を1週間、一生懸命サポートしてくれているのは誰だろうと考えるのも、そっと誰かを陰でサポートしていくのもワクワクできる、ゲーム感覚で楽しめるワークです。クラス全体の雰囲気がさらに明るくポジティブになる効果も期待できます。ここでは学級でのシーンをご紹介していますが、他学年の先生と調整できるなら、「上級生―下級生」間の秘密のお手伝いワークもおすすめです！　年齢差をつけることで、"弱きを助ける""年長に守ってもらえている"と感じるときの気づきを得、自己認識や利他の気持ちなどを高めることができます。

▼ ワークの流れ（1週間で行う場合）

（予めの準備）クラスの全員を（ペア間で相互に助け合うのではない形で、AはBをサポート、BがCをサポート、CがAをサポートという風に）ランダムに組み合わせ、紙片にサポートの相手を書いておく

①ワークの説明をする

「これから1週間、「秘密」で誰かのお手伝いをするワークを行います」
「予めの割り振りに従って、サポート相手が1週間楽しい学校生活を送れるように、

「『秘密で』サポートをしていこうね」

「『相手を喜ばせ、励ます、元気づける』ことを目指します。次に挙げた例に限らず、何ができそうか色々工夫して考えようね」

・朝、机の上に気分がよくなるような手紙を書いて置いておいてあげる

・下駄箱の靴が乱れていたら、そっと揃えておいてあげる

・休み時間に鉛筆を削っておいてあげる

・家からお花を持って来て、机の上に飾ってあげる

・誰かに頼んで、サポート相手が喜ぶようなことを代わりにしてもらうのも OK！　例えば、（あなたがサポーターだということは内緒で）「○○くん、○○を頑張ってね！」と声をかけて来てもらう、何かを渡してきてもらう、など

「あ！　私にもサポーターがついてくれている」とちゃんと気づけるような内容にしようね（気づかないような微かなサポートでは意味がないですね）」

「全員の約束：絶対に、（いたずらなど）悪意を持ち寄らないこと。相手が喜ぶこととはどういうことか、よく考えます」

「誰がサポーターか当てっこするのが目的じゃないよ。喜ばせたり励ましたりしてあげる気持ち、してもらう気持ちを感じていきます」

（説明後、紙片を各自に配る）

②１週間を過ごす。その間、子どもたちは、秘密のサポートに勤しみ、誰かからのサポートを受ける

③金曜日の午後：誰が誰のサポーターだったのか、お互いにチェック

・勘でわかる子も出てくる頃。互いに話をして確認する時間を設ける（「なーんだ！（笑）」の時間）

④まとめとふりかえりを行う

★まとめと、ふりかえり

・１週間過ごして、どんな気づきがあったかな？

・秘密で誰かがサポートしてくれていることに気がついたかな？　特に、どんなことをしてもらってどんな気持ちになったか、印象的なものはある？

・陰から誰かをサポートしてあげているとき、どんな気持ちになったかな？

・代理で誰かの秘密サポートを手助けしたかな？　どういう気持ちになりましたか？（協力するのも楽しい、など）

ワーク 8-7 「みんなの、うれしい」を願う

●ねらい・効果	まわりにとってうれしくポジティブな状況がもたらされるよう願いを寄せながら、利他の精神がどういうものなのかを知り、実践するとどんな気持ちが得られるのかを体感する。自己効力感や自信が芽生え、幸福感がアップすることが期待できる
●適した年齢	小学校中学年以上（目安として）
●所要時間	クラスで行うなら15分程度
●準備するもの	ベルやトライアングルなど（34頁参照）

▼ ワークの簡単な説明

　利益を取り合ったり、勝ち負け（win or lose）を決めたりすることばかりでは、こころはストレスを受け、窮屈さや不安を感じたり、闘争的になったりします。このワークでは、自分もうれしい、まわりもうれしいという「win-win」の状況を想像し、それがどれほど自分のこころに幸福感や開放感、安心感を与えるのかを体感します。自己効力感（自分の存在は無意味なんかではないですよね！）や自信、幸福感を上げるワークとして、先生や保護者の方々など、大人にもおすすめできるワークです。

▼ ワークの流れ

①子どもたちは椅子もしくは床に座ってリラックス

②ワークの説明をする

「世の中には、『勝ち・負け』や『良いか・悪いか』など、2つのものさしだけでしか成り立たない出来事がたくさんあります」

「みんなも普段の生活の中で、できればまわりよりも良い思いをしたい、だとか、自分だけを特別に見てもらいたい、だとか、人よりもたくさんのものを手に入れたい、と思ってきたことがあるかもしれないね」

「このワークでは、「自分の、うれしい」と、「みんなの、うれしい」が一本線で結べることを感じていきます」

③子どもたちは目をつむる

「3回、深呼吸をしていこうね（少し待つ）」
「深呼吸が終わったら、いまから言う言葉を、こころの中でイメージしていきます。手を胸やお腹に当てたほうが気持ちが落ち着くなら、そうしようね」

「これからのことをイメージして、お願いしていこうね」
「私にうれしい楽しいことがいっぱいで、これからも元気でありますように（少し待つ）」
「クラスのみんなにうれしい楽しいことがいっぱいで、これからもみんなが元気でありますように（少し待つ）」
「この学校のみんなにうれしい楽しいことがいっぱいで、これからもみんなが元気でありますように（少し待つ）」
「この町のみんなにうれしい楽しいことがいっぱいで、これからもみんなが元気でありますように（少し待つ）」
「この県（都道府県、最適なものを）のみんなにうれしい楽しいことがいっぱいで、これからもみんなが元気でありますように（少し待つ）」
「この国のみんなにうれしい楽しいことがいっぱいで、これからもみんなが元気でありますように（少し待つ）」
「この地球のみんなにうれしい楽しいことがいっぱいで、これからもみんなが元気でありますように（少し待つ）」

④ベルを鳴らして合図、「それでは、ゆっくりと目を開けましょう」

★まとめと、ふりかえり

・自分自身のうれしさや楽しさ、元気を願うことから、だんだんとクラス、学校全体、町……と視野を広げていきました。最後は地球にいる全員のうれしい楽しい、元気を願いました。やっているうちに、どんな気持ちが生まれたかな。
・ほとんどの場合、自分が多くとりたい、良いほうをとりたいという願いが叶うとき、ほかの人が少ない取り分になったり、良くないほうをとることになることになるね。でも、いまのワークで願ったように、自分のうれしい楽しいもみんなのうれしい楽しいもどちらも叶うとしたら……どっちのほうがもっとうれしい気持ちになるだろう？
・自分一人の利益だけを求めないで、みんなのうれしい楽しいを大切にすることで、実は自分の気分も良くなるね。

ワーク 8-8 傘ウォーキング

●ねらい・効果	（視界に入っていなくても）自分の周囲の存在に意識を向ける。<u>自分発で「誰かに心地良さ、安心を届ける」を体現する</u>ときの気持ちを認識する。利他の精神に触れる。自己認識力や他者への思いやり、自己肯定感などの向上が期待できる
●適した場所	階段エリア
●所要時間	30分程度
●準備するもの	傘（4人で1本くらいの本数。家庭で練習する場合は適宜）

▼ ワークの簡単な説明

　ワーク8-2「優しさのくさり」では誰かへの優しい行い（親切）をマニフェストしましたが、ここではバージョンアップし、思う・宣言するだけでなく実際に体現してみます。「なぜ傘とEQがつながっていくの？」と思われるかもしれませんね。お行儀の話ではありません！　無意識に扱いがちな傘は、実はまわりへの思いやりが表面化するアイテム。扱いを誤ると思わぬ人間同士のトラブルにも発展します。階段の下を歩く人の存在や、（自分にとっては都合の良い）普段の何気ない持ち方を意識化して、自分の持ち方や渡し方は誰か／まわりにも関わっていることを、フレッシュな感覚で学んでいきます。

▼ ワークの流れ

※予め、クラスを4人程度の小さなグループに分けておく（最小単位は3名）
①階段エリアの上か下の階に、一旦子どもたちは集合する

②ワークの説明をする

「今回は傘と階段を使って、自分から誰かにしてあげられる簡単な動きを練習します」
「階段ではグループごとに適度なスペースを保ちます。階段だから気をつけようね」
「階段を通る人たちのために、私たちは右側／左側だけを使っていこう」
「このワークをしながら、自分の中でどんな気持ちや気づきがあるか観察してみようね」

③子どもたちは、各グループで階段に立つ

④順番を決める。ＡとＢが先発隊で練習
　し、ＣとＤは見守り＆アドバイス

・まず練習するのはＡ

・Ａは普段の持ち方で畳んだ傘を持ち、
　階段を上る。Ｂはその一段下をついて
　いく。

・ＣとＤは、Ａの傘がＢにとって危なく
　ないよう角度などをチェック、直して
　いく。何回か階段を上り下りするなどして練習

傘、もう少し
真っすぐ
下に向くように！

⑤交代し、傘はＢの手に。④と同様に、今度はＢとＣが連なって階段を上る。ＡとＤが見
　守り＆アドバイス

【ポイント】先生や保護者はタイムキーパーとして（残り時間半分などと）声をかけましょう！

⑥同様に、ＣとＤも練習する

⑦同様に、最後はＤとＡも練習する（Ｄが練習、Ａは一段下をついていく）

⑧時間が来たらベルで合図、全員で階段の上あるいは下エリアに集合する

★まとめと、ふりかえり

・今日学んだ傘の持ち方は、いままで普通にしていたのと何か違ったかな？

・新しい持ち方で「見えていない、下（後ろ）を歩く人の存在」を意識して歩きま
　した。どんなことに気づいた／どんな気持ちになったかな？

・これはお行儀の授業ではなくて、無理や我慢をする練習でもありません。「自分
　のまわりの存在をちゃんと意識しよう」という練習です。

・無意識だと、つい自分に都合の良い持ち方をしています。でもそれだと一段下を
　歩く人に危ないこともあります。実際、大人でも、駅の階段で喧嘩になることも
　あるんだよ。

・頼まれていなくても、見知らぬ人のためであっても、まわりのためにこういう
　「ケア」を自分からしましょう。

・まわりがやっていなくても、自分はすでに知っているのだから、毎回気をつけま
　しょう。

・こうしてまわりのことも一緒に考えてあげるほうが、実は自分の気分も良くなります！

マインドフルネス／自己認識　モチベーション　共感　自己調整　他者への思いやり

ワーク 8-9 靴を揃えてあげる

●ねらい・効果	自分発で「誰かの気分の良さ」（感謝されること）を体現するときの気持ちを認識する。自己認識力や他者への思いやりのアップ、利他の精神の醸成や幸福感アップなどが期待できる
●所要時間	20分程度
●準備するもの	子どもたち各自の上履き

▼ ワークの簡単な説明

　まわりの存在にも目を向け、「目に入るなら（知らんぷりせずに）行動する」を体現することを練習します。「なぜ上履きとEQがつながっていくの？」と思われるかもしれませんね。これはお行儀や気遣い（KY）の話ではありません。自分のものではなくても、誰かの乱れた靴に気づき、進んで整えることをしたら気分がよくなることに気づくためのワークです。「他人事とほったらかさない＆気づいたら動く」ことで、相手と自分の双方の気持ちが上向くことを学びます。今回は上履きでご紹介していますが、例えば、防災頭巾を（グチャグチャにしたのを）みんなで整えて積み上げてみたり、クリエイティブに工夫しましょう！　ポイントは、「自分だけハッピー」から「みんなでハッピー」に意識転換を目指すということです。

▼ ワークの流れ

①子どもたちはAとBの2グループに分かれ、それぞれ部屋の反対側で集まる

②ワークの説明をする

「今回は上履きを使って、自分発でまわりのために動いてあげることを練習します」
「このワークをしながら、自分の中でどんな気持ちや気づきがあるか観察しようね」
「（教室を家に見立て）Aグループのエリアは玄関、Bグループのエリアは部屋とします」

③合図で、Aグループは一斉にその場で上履きを脱ぎ、思いっきりグチャグチャに乱し、「部屋に上がる」（対岸のBグループのエリアまで靴下で進む）

④合図をする

「いまからBグループは、ゆっくり落ち着いて（一斉に駆け寄ると危ない）、乱れた上履きエリアに

近づき、A メンバーが『玄関でもう一度履いて、外に出やすいよう』考えて整えて
あげましょう」

・グチャグチャの上履きを、ペアを探して整列させる

・（細かく指示はしませんが）脱いだのと逆向きに整列させるのを期待

⑤ B グループが A グループの靴を綺麗に整え終わったら、A は B のメンバー全員に向かっ
て拍手を送る。A は玄関に戻り靴（上履き）を履く。

⑥交代し、今度は B が玄関に見立てたエリアに。B も同様に
靴をその場で脱いでグチャグチャにし、A グループのエリ
アに向かう。A が玄関エリア（B グループが元々いた所）
に向かい、B のために整える

・④と同様、向きと、上履きの組み合わせに注意

・（A が B の作業の様子から学んで、わかりきった様子であ
れば）B の各メンバーが真っ直ぐ近づいてすぐに履けるよ
う、揃える場所にも注意しましょう！

⑦⑤同様、整え終わったら、B は A のメンバー全員に向かって拍手を送る。B は上履きを
履き、全員集合。まとめと、ふりかえりをする

★まとめと、ふりかえり

・自分がグチャグチャにしてしまった上履きを、誰かが整えてくれる姿を見て、ど
んな気持ちになったかな？（なんだかうれしい良い気分になるね）

・クラスメイトの上履きを揃えて、向きまでわざわざ整えてあげました。作業中、ど
んな気持ちになったかな？（誰かのために何かをやってあげることも楽しいよね）

・作業は面倒だったかもしれないけど、拍手をもらってどんな気持ちになったかな？

・普段こんなことをしても、拍手やお礼をもらわない可能性が高いです。でも、
「誰かのために何かをやってあげること」自体で良い気分になれると感じられた
なら、自分からやっていこうね。

・こんな風に、気づいたら頼まれていなくてもサッと動いてあげることは日本のす
てきな優しさです。みんなで、大切にしていこうね。

・拍手をもらって良い気分になれると感じられました。普段から、やってもらった
ことに気づいたら、感謝の気持ちをちゃんと「ありがとう」と言葉で伝えよう。
やってくれた相手はうれしい気持ちになるね。

ワーク 8-10 ：自分＋もう一人分

●ねらい・効果	<u>自分発で</u>「誰かに喜びを届ける」（感謝されることをする）を体現するときの自分自身の気持ちを認識する。自己認識力や他者への思いやり、利他の精神の醸成や、自己肯定感や幸福感アップなどが期待できる
●適したタイミング	給食や掃除の時間
●所要時間	5分程度
●準備するもの	クラス全員分の紙片。うち半数は、人数分に小さくカットする前に（例文）「誰にも言わないで！　サプライズ（秘密）で喜ばせてあげよう：今日、○○さんの給食トレイを、自分のと一緒に戻してあげてね」と印刷してからカットし、やってあげる相手の名前を割り振って書いておく。残り半数は白紙のままでOK

▼ワークの簡単な説明

　自分のことだけでなく、誰かのために動くと気分がよくなることに気づいていくためのワークとして、「自分だけでなく、プラスもう一人分」のためのアクションを学級で体感します。誰かの手助けをしてあげたときに、相手と自分の双方がうれしい気持ちになることを学んでいきます。今回は一例として給食タイムでできることをご紹介していますが、掃除であれば「自分プラス、もう一人分の」机と椅子を拭いてあげたりと、自由にクリエイティブに工夫しましょう！

▼ワークの流れ

（先生は上記「準備するもの」を予め用意。ここでは給食シーン）

①給食を食べ始める前か途中のタイミングで、紙片を子どもたちに配る

「見せ合いっこや交換こはしないでね」
「クラスの半数にお手伝いのお願いをしました。何をするかは秘密なので、何も言わないよ。自分の紙が白紙だったら、お手伝いは今日は大丈夫なのでそのまま食事しましょう」

② （片付けの頃）合図をする

 「それでは、お手伝いをお願いしまーす」

③依頼を受けた子は割り振られた相手に近づき、給食を一緒に片付けてあげる

・持って行ってもらう子は、<u>何も知らない（＝期待していない）</u>のが大事なポイントです！

一緒に持って行ってあげるね

えー、ほんと?!

★まとめと、ふりかえり

・まずは、協力してくれたクラスメイトに拍手しようね（お盆を下げてもらった子どもたちが拍手を送る）。どうもありがとう！

・サプライズでお皿を<u>持って行ってもらった</u>とき、どんな気持ちになったかな？

・食器下げのお手伝いをしてあげたとき、どう感じたかな？（ちょっとワクワクした、楽しい気持ちになった、喜んでもらってうれしかった、など）

・これはお行儀の話ではないし、無理して気遣いしたり空気を読む、ということとも違いますね。誰かのために、<u>自分から</u>手助けをしてあげるときの気持ちを体験しました。

・今回はワークなので、先生からのお願いという形でクラスの半分にお手伝いをしてもらったけれど、普段の生活のなかでも、誰かのために（いちいちお願いされなくても）お手伝いしてあげると喜ばれるよね。クラスメイトだけでなく、世の中で必要とする人々のために自分から動こうね。やってあげることで、自分もうれしい気持ちになることが、大切な気づきです。

付録1
気持ちメーターのサンプル

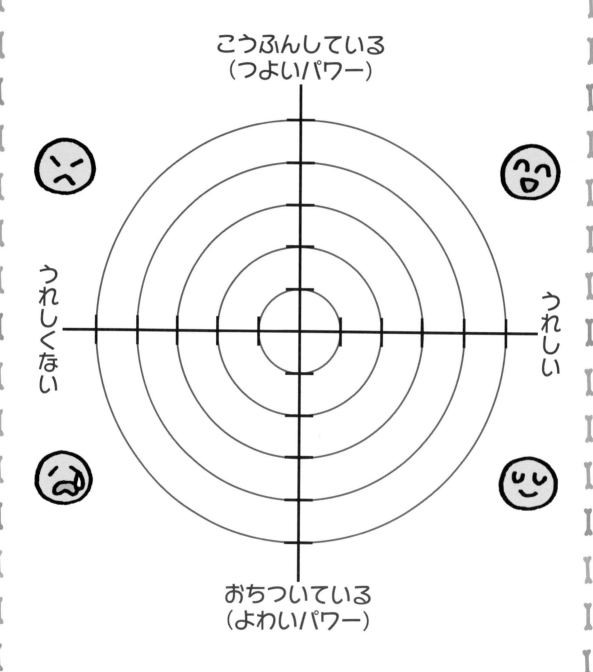

付録 2
わたし、ぼくの世界

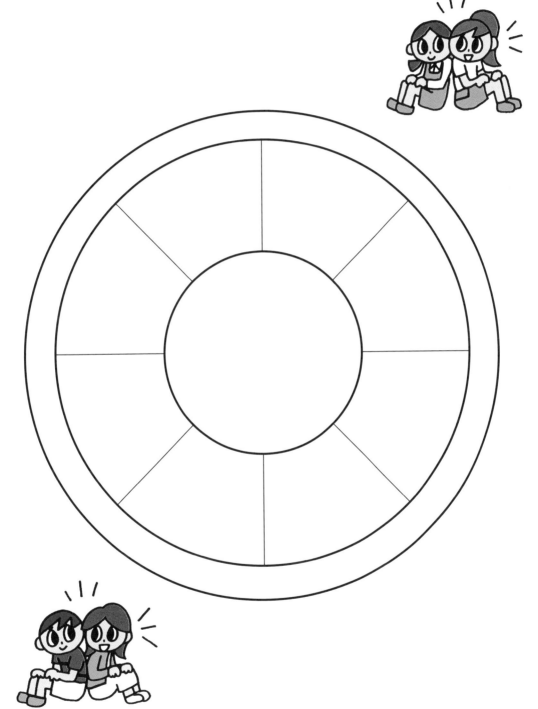

※そのまま読むのではなく
ゆっくりと優しく、ご自身の言葉で
子どもたちに届けてあげましょう

ワーク 1-10
目を閉じて観察

いまから、目を閉じて観察していきます。

基本の座り方ができたら
ゆっくりと3回　深呼吸をします
（少し待つ）

深呼吸ができたら、普段よりも
少しゆっくりした呼吸を続けていきます
1回　1回の　呼吸を
ていねいにやっていきましょう

急がなくて、大丈夫です
ゆっくり呼吸をしていきます

息を吸うときに
空気が鼻の奥に当たるのがわかるかな
その空気がお腹に入っていって
また吐くときに　鼻から出ていきます

息を吸うときに　お腹がふくれているかな
息を吐くときに　お腹がへっこんでいるかな

吸うときに　ふくれて
吐くときに　へっこみます

観察をします（少し待つ）

お家のことや、宿題のことや、お友達のことなど
もし考えごとをしちゃってたら、静かに優しく
また呼吸を観察します

吸うときの空気の温度　吐くときの空気の温度
違いはあるかな

静かに呼吸だけしながら
いま、どんな音が耳の中に入ってきているかな？
（少し待つ）
自分はどんな音をいま、聞いているんだろうね

いま、どんな匂いが
鼻の中に入ってきているかな？（少し待つ）
自分はどんな匂いをいま、
嗅いでいるんだろうね

観察をします

いま自分のまわりでは、
どんなことが起きているんだろうね

観察を続けます（しばし待つ）

— ベル —

（ベルの音が鳴り終わったら）
それでは、ゆっくりと目を開けましょう
そのまま2、3回　呼吸を続けます（少し待つ）

少しずつ体を動かしたりして、
意識をこのお部屋に戻してきます

ワーク 4-1
自分に「ありがとう、大好きだよ」

まず、静かになれる（気持ちが落ち着く）ところで
横になります
これから　自分にありがとう　大好きだよ　の
ワークをします

3回　ゆっくりと　深呼吸をします
吐くときに　体の力が
抜けていきます（少し待つ）

3回の深呼吸ができたら
いつもよりも少しゆっくりと
呼吸を続けていきます

いまから　順番にゆっくりと
体に　ありがとう　大好きだよ　の　気持ちを
送っていきます

まずは背中とお尻が
床にぴったりとついているなぁ　と感じます

こころの中で
自分の背中をなでなでしてあげながら
こころの中で
背中にメッセージを言ってあげます

いつも　ありがとうね　大好きだよ

まずは頭
色々なことをいつも考えている　働き者です
こころの中で　頭にメッセージを送ります
どうもありがとう　大好きだよ

次は　目
こころの中で　目にメッセージを送ります
ありがとう　大好きだよ

次は　耳
こころの中で　耳にメッセージを送ります
ありがとう　大好きだよ

次は鼻
ありがとう　大好きだよ

口
ありがとう　大好きだよ

のど
ありがとう　大好きだよ

自分の中で　ありがとう　大好きだよ　の
メッセージを
いまから言う　体の一部に向かって送ります

肩　胸
自分の心臓の　動きが感じられるかな（少し待つ）
ありがとう　大好きだよ
お腹　腰　お尻　もも　ひざ　すね
ふくらはぎ　足首　足の甲

つま先にある　小さな足の指の爪

足の裏

これから　体全体の輪郭に
こころの目を向けていきます
体全体に　こころの中で
ありがとう　大好きだよ　を
伝えていきます（少し待つ）

ー ベル ー

（ベルの音が鳴り終わったら）
それでは目を開けて　少しずつ体を動かしながら
一旦体を横に倒して　起き上がってきて座ります

ワーク 4-10
応援してもらう

応援してもらうワークを
これからやっていきましょう
まず　座ってワークをするときの姿勢を
自分でチェックします
足の裏は床についているかな
背中はちょうどよい形になっているかな

いまから　深呼吸を 3 回　します（少し待つ）

これから　いま経験している　または前に経験
した辛い出来事や困ったこと　悲しいことを
ちょっと思い出してみましょう

応援してもらうワークの "練習" をするだけなの
で　そんなに深刻に考えなくて大丈夫だよ

その場面は　どこなんだろう。登場人物は誰で
どんなことを言ったりやったりしているのかな。そ
のときの様子をもう一度思い出します（少し待つ）

いまから想像をしましょう。あなたを応援する
ために　大好きな人や　ペットなどの動物があ
なたのもとに駆けつけてくれます。一緒に暮ら
す家族でも　親戚でも　ペットでも　もしかし
たらもう亡くなっているおじいちゃんやおばあ
ちゃんなど　あなたが大好きな存在であれば誰
でも大丈夫です

その存在が　隣に座りながら　いまあなたが一
番聞きたいなぁと思っている　励ましの言葉や
優しい言葉をかけてくれます。
なんて言ってくれているかな（少し待つ）

そんな言葉をかけてもらって　どんな気持ちかな
（少し待つ）

深呼吸をしながら　その気持ちを味わいます
（少し待つ）

それでは　会いにきてくれた人や　ペットなどの動
物　あなたの大好きな存在に「応援しにきてくれ
てありがとうね」とこころの中で御礼を言います

そして　こころの中で　笑顔でバイバイをします

ー ベル ー

（ベルの音が鳴り終わったら）
ゆっくりと目を開けて　体を動かしましょう
意識をお部屋に戻してきます

おわりに

　この「おわりに」は、拙宅の屋上にある小さな庭で書いています。集合住宅の緑化のためにハーブやバラが植えられ、小道が設けられています。ミツバチが一匹、ラベンダーの花粉採取に精を出しているのが目に止まります。茶色の毛が生えた可愛らしい小さな頭や肩をしばらく眺めてから庭全体を俯瞰します。するとそこには、数え切れないほどのミツバチが、ラベンダーのほかにローズマリーや名前のわからないピンク色の花のまわりにも飛び回っているのでした。足元には蟻も列をなし、蜘蛛もいます。ただ小道を通り過ぎるだけなら、花々が綺麗だなと感じるくらいだったでしょう。でも腰を落ち着けて空間全体を見渡しながら、そこにいることを楽しんでいるからこそ、自然の営みと無数の生きとし生けるものの存在に気がつくことができます。

　マインドフルネスのトレーニングは、この光景にとてもよく似ています。最終目的地（目標や場所）だけを見据えたり、先に先に急いだりする代わりに、まずはこの場に穏やかな気持ちで佇み、自分のまわりと内面でいま起きていることに、好奇心を持って丁寧にすみずみまで目を向けていきます。続けていくと、いままで目に留まらなかったものが視界に入るようになり、あなたの世界が実は「きらきらした素敵な気づきのモーメント（瞬間）」で満たされていたことに気がつくはずです。それは例えば、雨風から身を守り寝食できる居心地よい暮らしがすでに十分手に入っていることや、あなたの行いと地球環境が一本線で結ばれていること、本質的には誰も一人ぼっちじゃない、というようなことです。マインドフルネスはこころの目を澄んだ状態にさせてくれます。

　筆者にとって、マインドフルネスやEQとの出合いの衝撃は大きく、「なぜ成長過程で誰も教えてくれなかったのだろう！？」と憤りを覚えたほどでした。いまでもたまに感じることがあります。キレたりイライラする代わりに感情を調整できていたら壊れなかった人間関係があった、挫折や失敗時の気持ちのお手当方法を知っていたらこころが疲弊する前に回復できていたかも……。だからこそ、いまの子どもたちに感情の知性をトレーニングできる機会を広く届けたい！　これが今回の執筆の動機でした。テクノロジーのおかげで、疑問への答えや、スコアが上なのか下なのか、自分の気持ちや意見が多数派か少数派かといった情報はすぐに入手できます。そのデータを前にして子どもたちが自分の感覚を疑ったり、誰かを助けたいといった気持ちを否定したりしてしまうこともあるでしょう。この本をお読みくださった大人の皆さまから、子どもたちが自身の中に見出すありのままの思いや感覚こそが「確かなこと」だと伝えてあげていただけるようでしたら筆者の冥利に尽きます。

　さて、執筆にあたり多忙を極める専門家の方々に温かい手を差し伸べていただいたのはとても幸せなことでした。マインドフルネスとコンパッションを国内に伝える先駆者でいらっしゃる、一般社団法人マインドフルリーダーシップインスティテュート理事の木蔵シャフェ

君子氏には、これらを主題とするページに丁寧なアドバイスをいただきました。ご夫妻ともに幸福学研究の国内第一人者でいらっしゃる慶應義塾大学大学院教授の前野隆司先生とマドカ氏には、定義の確認だけでなく楽しい会話から多くのインスピレーションも頂戴しました。お三方にこころより御礼申し上げます。

　学事出版の加藤愛さんには編集者として伴走いただきながら、多忙な先生方や保護者の皆さんがこの本の内容を無理なく日々取り入れられるよう知恵を絞っていただきました。イラストレーターの大金丈二さんが描いてくださった個性豊かで元気いっぱいな子どもたちのおかげで、60超のワークが彩られました。子どもへの温かい視点を持ったお二人が同志のように感じられ、こころ躍る執筆作業となりました。加藤さんとのご縁をつないでくださった中学校の同窓、中川綾さんにも御礼申し上げます。

　さて、マインドフルネスとEQという深淵かつ興味深い世界の学びを深めるよう筆者を導き、転機をもたらしたのは3つの尊いご縁でした。体感とあり方の意味を教えてくださった南仏プラムヴィレッジのシスター・チャイ・ニェムと僧侶団、マインドフルネス施策の一環で彼らを招き筆者に社内での実践をさせてくれた前職セールスフォース・ドットコム、「Search Inside Yourself」先輩講師の荻野淳也氏には感謝の言葉をお伝えしきれません。そのほかにも先人・先達の諸氏、そして紙面の関係でお名前を書き連ねることは叶いませんが、筆者を支援し様々な成長機会や温かい交歓の時間をくださったすべての皆さまに、この場をお借りして感謝を申し上げたいと思います。

　子どもたちも、一人ひとりが筆者の大切な先生方です。すべての生徒さんたちと保護者さまに、なかでも今回付録の動画撮影に協力くださった木村恵理子さんと栞那ちゃん、佐々木理恵さんと慶一郎くんの親子さま、定期訪問させてくださっている都内児童養護施設の子どもたちと職員さまに感謝の言葉をお贈りします。「リラックスできる」「楽しい」「よくわかんない」という子どもたちの言葉は、伝える側の成長を助けてくれています。約5ヶ月の執筆期間、温かく励まし続けてくれた家族にも感謝を伝えます。

　一冊を通じ、「気づき」がEQを上げ、人間力の「築き」につながっていくことをお伝えしてまいりました。怒りや不安と向き合いながら強くてしなやかなこころが築かれ、自身やまわりの失敗・挫折を受け容れながら回復力や包容力が築かれ、他者への共感やみんなが根っこでつながっていることを学びながら利他の精神やコンパッションが築かれます。現在、新型コロナウィルスの世界流行により、人類は未だかつて経験したことのない厳しい試練に見舞われています。与えられた命は永遠ではなく、何気ない日常が常に保証されるわけではないと実感するいま、「気づき」からEQを上げることで、豊かで幸せな時間は自らデザインできると知っておくことは大切です。子どもと大人の安らぎや前向きさ、ウェルビーイングのために、この本がお役に立てるよう願っています。

　すべての子どもと大人が自分らしく生きる力を発揮し、みんなで優しさや愛を分かち合うことの幸せがますます広がっていきますように。

5月の陽光のなかで　戸塚 真理奈

【著者紹介】

戸塚真理奈（とつか・まりな）

一般社団法人 heARTfulness for living 協会代表理事。こころの幸せ教育研究・実践者。

1977年東京生まれ。日本女子大学卒業後（社会学専攻、米国ウェルズリー大学に1年間交換留学）、英系投資銀行バークレイズ、セールスフォース等を経て現職。2015年より子どもたちが安心感や自己肯定感、自他へのコンパッションを培い生きる力を高められるよう、こころの成長をサポートするマインドフルネスと EQ 教育プログラムの開発と実践教育を行う。同分野における世界の最新教育の研究を行うほか、アート思考で自己認識力や自己肯定感、回復力や共感力を高める「こころ絵」トレーニングも展開する。子ども、親子向けに加えて、外国人エグゼクティブへのプライベートレッスンから法人向け研修、子育て中のママ向け夜間ウェビナークラスまで幅広く学びの場を届けている。Google が開発した「SIY（Search Inside Yourself）」認定講師。ニューヨーク市在住時に子ども向けマインドフルネス指導者トレーニング修了。

■教育委員会と学校法人向けの講演、研修及び EQ プログラム導入等に関するご相談は：
info@heartful-ness.org

■著者 HP：https://heartful-ness.org/

■Facebook ページ：アカウント名「一般社団法人 Heartfulness for Living 協会」
（今後、学校と家庭でできるマインドフルネスや EQ の各種情報をご希望の先生と保護者の皆様はぜひフォローをお願いいたします。）

感情の知性(EQ)を伸ばす
学校と家庭でマインドフルネス！
1分からこころの幸せ・安心を育む63のワーク

2020年7月21日　初版第1刷発行

著　者——戸塚真理奈

発行者——花岡萬之

発行所——学事出版株式会社

　　　　　〒101-0021　東京都千代田区外神田2−2−3
　　　　　　　　電話 03-3255-5471　FAX 03-3255-0248

ホームページ　http：//www.gakuji.co.jp

編集担当：加藤愛

装丁：岡崎健二　本文デザイン：三浦正己

イラスト：大金丈二

印刷・製本：精文堂印刷株式会社